QIYE XINXING XUETUZHI

企业新型学徒制培训教材

饭店管理基础知识

人力资源社会保障部教材办公室　组织编写

中国劳动社会保障出版社

图书在版编目（CIP）数据

饭店管理基础知识 / 人力资源社会保障部教材办公室等组织编写 . -- 北京：中国劳动社会保障出版社，2019

企业新型学徒制培训教材

ISBN 978-7-5167-3891-7

Ⅰ. ①饭…　Ⅱ. ①人…　Ⅲ. ①饭店 - 企业管理 - 职业培训 - 教材　Ⅳ. ① F719.2

中国版本图书馆 CIP 数据核字（2019）第 032804 号

中国劳动社会保障出版社出版发行

（北京市惠新东街 1 号　邮政编码：100029）

*

北京市艺辉印刷有限公司印刷装订　新华书店经销

787 毫米 ×1092 毫米　16 开本　6.25 印张　138 千字

2019 年 3 月第 1 版　2019 年 3 月第 1 次印刷

定价：18.00 元

读者服务部电话：（010）64929211/84209101/64921644

营销中心电话：（010）64962347

出版社网址：http：//www.class.com.cn

企业新型学徒制培训教材
编审委员会

主　任：张立新　张　斌

副主任：王晓君　魏丽君

委　员：王　霄　项声闻　杨　奕　蔡　兵
　　　　刘素华　张　伟　吕红文

本书编审人员

主　编：朱美玲

前　言

为贯彻落实党的十九大精神，加快建设知识型、技能型、创新型劳动者大军，按照中共中央、国务院《新时期产业工人队伍建设改革方案》《关于推行终身职业技能培训制度的意见》有关要求，人力资源社会保障部、财政部印发了《关于全面推进企业新型学徒制的意见》，在全国范围内部署开展以“招工即招生、入企即入校、企校双师联合培养”为主要内容的企业新型学徒制工作。这是职业培训工作改革创新的新举措、新要求和新任务，对于促进产业转型升级和现代企业发展、扩大技能人才培养规模、创新中国特色技能人才培养模式、促进劳动者实现高质量就业等都具有重要的意义。

为配合企业新型学徒制工作的推行，人力资源社会保障部教材办公室组织相关行业企业和职业院校的专家，编写了系列全新的企业新型学徒制培训教材。

该系列教材紧贴国家职业技能标准和企业工作岗位技能要求，以培养符合企业岗位需求的中、高级技术工人为目标，契合企校双师带徒、工学交替的培训特点，遵循“企校双制、工学一体”的培养模式，突出体现了培训的针对性和有效性。

企业新型学徒制培训教材由三类教材组成，包括通用素质类、专业基础类和操作技能类。首批开发出版《入企必读》《职业素养》《工匠精神》《安全生产》《法律常识》等 16 种通用素质类教材和专业基础类教材。同时，统一制订新型学徒制培训指导计划（试行）和各教材培训大纲。在教材开发的同时，积极探索“互联网 + 职业培训”培训模式，配套开发数字课程和教学资源，实现线上线下培训资源的有机衔接。

企业新型学徒制培训教材是技工院校、职业院校、职业培训机构、企业培训中心等教育培训机构和行业企业开展企业新型学徒制培训的重要教学规范和教学资源。

企业新型学徒制培训教材编写是一项探索性工作，欢迎开展新型学徒制培训的相关企业、培训机构和培训学员在使用中提出宝贵意见，以臻完善。

人力资源社会保障部教材办公室

目　录

第1章

饭店概述

第 1 节 饭店的概念

饭店（Hotel）一词来源于法语，原指商人、官员及其他知名人士在城里款待宾朋的宅邸。在法国大革命期间，有很多私人住宅改成了商业性的食宿设施。从此，Hotel 成为饭店的代名词。18 世纪末 19 世纪初，Hotel 的含义已经被英国、美国等国家普遍接受并沿用至今。

从饭店的发展历程来看，现代饭店是在传统住宿接待设施的基础上发展起来的。以下是国外的一些权威辞典从特点和功能等角度对饭店所做的定义。

饭店是为旅行者提供饮食、住宿的建筑。(《牛津现代高级英汉双解词典》)

饭店是在商业性的基础上向公众提供住宿，也往往提供膳食的建筑物。(《大不列颠百科全书》)

饭店是提供住宿，也经常提供膳食与某些其他服务的设施，以接待外出旅游者和非永久性居住的人。(《韦伯斯特美国英语新世界词典》)

饭店是装备好的公共住宿设施，它一般提供膳食、酒类与饮料以及其他服务。(《美利坚百科全书》)

从上述定义可以归纳出：饭店是以有形的建筑空间、设施设备和无形的服务，满足客人食、住、行、娱、购等多方面综合需求的服务场所。

第 2 节 饭店的类型与等级

一、饭店的类型

目前，世界各地的饭店设施有以下几种基本类型。

1. 根据饭店市场及客人特点分类

（1）商务型饭店（Commercial Hotels）。商务型饭店也称暂住型饭店（Transient Hotels），此类饭店多位于城市的中心地区，接待商务客人、旅游客人以及因各种原因做短暂逗留的其他客人。这类饭店适应性广，在饭店业中所占的比例最大。这类饭店为适应细分市场的需求，分为各种等级。其中，等级较高、以接待商务客人为主的饭店一般比较豪华、舒适，服务设施齐备，交通及通信便利，通常设有商务中心、宴会厅、各类会议室等，还设有商务套房及行政楼层。

（2）度假型饭店（Resort Hotels）。度假型饭店传统上以接待游乐、度假的客人为主。此类饭店多位于山区、海滨、温泉、海岛、森林等地，开辟各种娱乐体育项目（如潜水、冲浪、滑雪、骑马、狩猎、垂钓、划船、高尔夫球、网球等）来吸引游客。因此，这些度假地区及活动的吸引力是一家度假型饭店成功的关键。疗养型饭店亦属此类。近年来，在许多饭店业发达的国家，已出现度假型与商务型相结合的饭店，在饭店里增设商务会议设施，即所谓改良的度假型饭店，该类型饭店被认为是当代饭店发展的方向。

（3）长住型饭店（Resident Hotels）。长住型饭店的客人通常需要长期或永久性居住，因而其主要客源是住宿期较长的、在当地短期工作或度假的个体或者家庭。长住型饭店与客人之间有一种不同于其他类型饭店与客人间的法律关系，通常要与客人签订一个租约。长住型饭店的建筑布局与公寓相似但又有区别，其客房多采用家庭式布局，以套房为主，配备适合客人长住的家具和电气设备，通常都有厨房设备供客人自理饮食。这类饭店一般只提供住宿、饮食等基本服务，但服务讲究家庭式气氛，特点是亲切、周到、针对性强。饭店的组织、设施、管理较其他类型简单。

（4）会议型饭店（Convention Hotels）。会议型饭店的主要接待对象是各种会议团体。会议客人平均每天消费额一般高于度假客人。会议型饭店通常设在大都市的政治、经济中心，或交通方便的游览胜地，要求每一楼面均设置一个或多个会议厅或大的多功能厅，可根据需要用作会议厅、舞厅或宴会厅，有的饭店还设有展览厅。会议型饭店除应具备相应的住宿和餐饮设施外，还必须配备会议设备，如投影仪、录像设备、扩音设备、先进的通信和视听设备，接待国际会议的饭店还要求配备同声传译装置。会议型饭店一般都配备工作人员帮助会议组织者协调和组织会议各项事务，要求饭店提供高效率的接待服务。

（5）汽车饭店（Motor Hotels 或 Motels）。汽车饭店常见于欧美国家公路干线上。此类饭店早期设施简单，规模较小，有相当一部分仅有客房而无餐厅、酒吧，以接待驾车旅行者投宿为主。现在，汽车饭店不仅在设施方面大有改善，而且趋向豪华，多数可提供现代化的综合服务。

2. 根据饭店计价方式分类

（1）美式计价饭店。美式计价饭店的客房价格包括房租以及一日三餐的费用。一些位置偏远的度假型饭店属于此类。

（2）修正美式计价饭店。修正美式计价饭店的客房价格包括房租和早餐以及一顿正餐（午餐或晚餐）的费用，以使客人有较多的时间来安排其他的活动。

（3）欧式计价饭店。欧式计价饭店的客房价格仅包括房租，不含食品、饮料等其他费用。世界各地绝大多数饭店均属此类。

（4）欧陆式计价饭店。欧陆式计价饭店的客房价格包括房租以及一份简单的欧陆式早餐，即咖啡、面包和果汁。此类饭店一般不设餐厅。

（5）百慕大计价饭店。百慕大计价饭店的客房价格包括房租及美式早餐的费用。

3. 根据其他标准分类

（1）根据所拥有客房数量的多少，可将饭店分为大、中、小型三类。目前，拥有 300 间以下客房的通常被认为是小型饭店，拥有 300 ~ 600 间客房的为中型饭店，拥有 600 间以上客房的为大型饭店。

（2）根据所在地区的不同，可将饭店分为游览地饭店、城市饭店、过境饭店、机场饭店、车站码头饭店等类型。

（3）根据营业时间的不同，可将饭店分为全年性营业饭店及季节性营业饭店。

二、饭店的等级

饭店等级指一家饭店的豪华程度、设施设备水平、服务范围和服务质量。对客人来说，饭店分等定级可以使他们了解某一饭店的设施设备、服务情况，以便有目的地选择符合自己要求的饭店。一般情况下，对于同规模、同类型的饭店来说，客房平均房价是饭店等级高低的客观标志。

由于各地区、国家间饭店业发达程度和出发点不同，各种等级制度所采用的标准不尽相同。饭店分级制在欧洲国家较为普遍。意大利的饭店采用“豪华、1 ~ 4 级”制，法国的饭店分为“1 ~ 5 星”五个等级，奥地利的饭店采用“A1、A、B、C、D 级”制，瑞士的饭店分为“1 ~ 5 级”，而有的国家和地区则采用“豪华、舒适、现代”或“乡村、城镇、山区、观光”或“国际观光、观光”等分级制。

我国饭店的星级评定，主要是按照饭店的建筑、装潢、设施设备条件和维修保养状况、管理水平和服务质量的高低、服务项目的多少进行全面考虑，综合平衡将饭店划分为一星、二星、三星、四星、五星共五个等级。一般来说，一星级饭店属于经济档饭店，其设施设备和服务能满足普通消费者的基本需求；二星级饭店为中低档饭店，能满足一般社会公众或家庭旅游者的需求；三星级饭店一般为中档或中高档饭店，服务水准较高，服务质量较好；四星级饭店的设施设备和服务均可满足较高层次消费者的需求；五星级饭店属豪华级饭店，其设施设备与服务均要体现现代化特色。

综上所述，世界各地各种饭店分级制所采用的标准不尽相同，但各地饭店分级制的依据和内容却十分相似，通常都是从饭店的地理位置、环境条件、建筑设计布局、内部装潢、设施设备配置、维修保养状况、服务项目、清洁卫生、管理水平、服务水平等方面来进行评价确定。

1．星级评定范围

我国接待海外旅游者以及国内客人的任何饭店、度假村，都属于评定范围。凡准备开业或正式开业不满一年的饭店，可定出预备星级，开业一年以上的饭店正式评定星级。

2．星级评定的组织与权限

我国国家旅游局设饭店星级评定机构，负责全国旅游涉外饭店评定的领导工作，并具体负责评定全国五星级饭店。省、自治区、直辖市旅游局设饭店星级评定机构，具体负责评定本地区一星、二星、三星、四星级饭店，并负责向国家旅游局饭店星级评定机构推荐五星级饭店。

第3节 饭店的功能与结构布局

一、饭店的功能与要求

饭店的功能与要求有一个逐步发展的过程，它的产生和发展均以客人的需求为基础。按照出现的时间，饭店的功能可分为传统功能和现代功能。

1. 饭店的传统功能

饭店的传统功能是指饭店出现之初就已具有的功能，它包括饮食功能、住宿功能和集会功能。

（1）饮食功能。饮食功能是指饭店向游客提供饮食及相关服务的功能，它是饭店的附加功能。星级饭店通常具有多种不同风味和消费层次的餐厅和酒吧，以适应来自不同国家和地区、具有不同消费习惯的客人的需要，向客人提供多样性的美食和饮品，使客人流连忘返。

（2）住宿功能。住宿功能是指饭店向客人提供舒适方便、安全卫生的居住和休息空间的功能，这是饭店最基本的功能，也是饭店最原始的功能，如果饭店忽略了这个功能，那就不能够叫饭店。现代饭店按照其星级的不同，向客人提供不同标准和等级的设施与服务。饭店的星级越高，其提供的设施越豪华、服务越完善。

（3）集会功能。集会功能也是饭店传统功能中的一种，饭店通过这种功能向所在社区开放，为社会的集会、文化交流、信息传播等其他活动提供场所和相关服务。

2. 饭店的现代功能

饭店的现代功能是随着社会的变化和客人的需要，逐渐建立和完善起来的，它是对饭店基本功能的补充和完善，任何时候它都不能够也不应该喧宾夺主。饭店的现代功能可以归结为以下四种，即：商业服务功能、文化娱乐功能、交通服务功能以及购物服务功能。

（1）商业服务功能。商业服务功能主要是指饭店为客人的商业活动提供各种设施和服务的功能，它包括为客人的商业活动提供展览厅、写字间等操作场所，为客人提供传真、上网工具等现代化的通信设施设备，让客人能够随时与外界进行沟通，及时收发信息，这对于商务客人来说是至关重要的。饭店有没有这些设备是衡量其现代化的一个重要指标。

（2）文化娱乐功能。文化娱乐功能是现代饭店通过对文化活动的举办、康体设施的提供，以服务于客人的休闲和康体为目的的饭店功能。同时，这也是高星级饭店的一个评定标准与要求。

（3）交通服务功能。饭店通常被要求能够为客人提供市内交通工具，能够为旅客提供火车票、飞机票等客票的预订服务，免除客人的后顾之忧。

（4）购物服务功能。购物服务功能也是饭店的一个常见功能，饭店可以根据自身的特点和客源结构，组织一些适应客人需求的旅游纪念品、高级消费品，甚至可以是普通生活用品，向客人销售。

二、饭店的结构布局

饭店的结构布局又称饭店建筑布局，它是对饭店的建筑、广场、庭院绿化、道路、停车场、室内通道和后勤工作内院的平面布局。

1. 饭店布局的基本要求

（1）景观质量高，环境条件好。饭店的整体建筑有一个朝向的选择问题。在城市中，通常各个区的发展现状、规划建设、工业饭店的设置、各个季节的风向都不相同，从饭店的不同角度观察到的景观质量就有所区别，所受到的噪声、废气和烟尘的影响也有不同。因此，在进行建筑布局时，应该争取客房和公共部分朝向好的景色，尽量避免客人看到杂乱无章的场所，让饭店所受到的外界不利影响降至最低。

（2）交通流畅，人车分流。这要求饭店的内外交通线与外部城市道路的交通线结合成一个有机联系的整体。尽可能地减少人流与车流、不同性质车流之间的交叉或干扰，让人流和车流有足够的集散和停留空间。

（3）出入口设置合理。饭店的出入口有客用出入口、职工出入口、物资出入口、垃圾出入口等几个类别。这几种出入口由于用途不同，在设置时应严格加以区分。客用出入口与其他几种出入口要分开设立，以体现尊重客人的饭店精神，同时也有利于饭店的管理。

（4）科学安排饭店动线，合理进行功能分区。所谓动线是指客人、物品、服务和信息的流动路线。饭店的动线主要有客人流线（包括住店客人、餐饮康乐客人和外来客人三种流线）、物品流线、服务流线和情报信息流线四种类型。动线设计的基本原则是各种流线的运作要持续畅通，客人流线与物品流线和服务流线不交叉碰撞；客人流线要直接明了，便于管理；服务流线要短捷高效；情报信息流线要迅速准确。

2. 饭店建筑布局形式

饭店的建筑布局形式分为集中式布局、分散式布局、集中与分散相结合的布局。

集中式布局又分为水平集中式、竖向集中式和水平与竖向相结合的集中式布局。水平集中式布局是指客房、公共区域、后勤和餐饮部分分别各自相对集中建设，并且在水平方向互相连接的布局方式，适用于郊区和风景式饭店。竖向集中式布局是指饭店各功能区集中在一座建筑物中竖向排布的形式，适用于城市中心、基地较少的饭店。水平与竖向相结合的集中式布局呈凸形状，是高层建筑带裙房的布局形式，这种布局形式被国际上的许多城市饭店采用。

分散式布局的特点是饭店各功能部门分别建造、单幢独立，多为低层建筑。由于各功能区分别独立、互不干扰，整个饭店环境显得幽雅宁静，但是客人和服务的流线较长，能源耗费大，管理不便。这种布局主要适用于郊区饭店。

集中与分散相结合的布局也是较常见的一种布局形式。在这种布局形式中，常采用客房楼层分散、公共部分集中的方式。高层饭店中，大量标准客房在竖向叠合，为了合理组织和充分利用竖向空间，要进行竖向功能分区。通常情况下，地下室用于安排车库、库房、员工更衣室、浴室、员工活动室；地下一层可用作公共活动部分，如快餐厅、游泳池等；地下二层作为设备（如机房）和后勤工作用房；低层公共活动部分（包括裙房）常安排各类餐厅及康乐设施等，大堂多设在一层；在低层与客房层之间常有设备层，以安排各种管道系统中的水平管道；客房层多安排在四层以上的竖向高层部分。高层饭店常常在顶层公共活动部分设空中餐厅、旋转餐厅、观光层、豪华套间等。顶部为设备用房，设置电梯机房、给水水箱等设备。

第4节

我国饭店业的发展

从20世纪80年代开始，我国饭店业迅速发展，出现了第一批现代新型饭店，如北京的“建国饭店”“长城饭店”，南京的“金陵饭店”，广州的“白天鹅宾馆”“花园酒店”等。在这一时期，我国饭店业的发展表现出以下几个方面的特点：

1. 饭店建设投资形式多样化

我国采取多种渠道的集资形式，以满足不断发展的国际旅游业和大规模经济建设的需要，利用国家资金、集体资金和外资等，改建、扩建和兴建了大批现代化的饭店。

2. 引进外资和外方管理

我国现代饭店业在发展过程中吸取了国外饭店业和其他行业发展的先进经验，逐渐走上了科学管理的道路，形成了独特的企业风格，使饭店经济效益有了很大的改善。同时，一批引进外资建造或聘请外方人员管理的涉外饭店也相继开张营业，许多世界著名的饭店集团也登陆我国开辟市场，如希尔顿、香格里拉、万豪等，这在硬件和软件方面为我国的旅游饭店业起到了很好的示范作用。

3. 饭店设施和服务日趋完善

为满足多类别的海外旅游者的需要，适应现代化旅游多元化的发展，我国饭店在建筑和设施方面引进了先进的硬件标准，质量不断提高，同时，饭店的设施也向着多功能方向发展。现代大型旅游饭店附设了先进的信息传递设施、旅游服务设施、购物设施、康乐设施等。为了满足客人的多种需要，饭店的服务项目不断充实，服务质量有了显著的提高。

4. 实行多种形式的联合

随着现代饭店业的发展，我国旅游饭店业出现了多种形式的联合，通过聘请管理公司等途径，不少饭店成为国际饭店集团的成员，我国也出现了自己的饭店集团。

第2章

饭店管理概述

第1节 饭店管理的概念

饭店管理指管理者在了解市场需求的前提下，组织人员为实现饭店共同目标而展开的有意识、有组织、不断协调的活动过程。

这个概念包含三层意思。第一，管理的前提是群体的有目的的活动。饭店管理的目标是达到经济效益和社会效益高度统一的最优化。第二，管理的实质是一个协调组织内部与外部各要素的动态协调过程。第三，管理和目标产生的基础是对市场的了解。在买方市场的条件下，离开对市场的了解，内部要素组合得再好，也是闭门造车、毫无成效，相反，还会造成资源的极大浪费，甚至危及组织的存在。

从上述的定义及其阐述中可以看出，饭店管理既包括管理又包括经营。经营和管理是两个密不可分的概念，但它们有着不同的内涵。

经营是指饭店以独立商品生产者的身份面向市场，以商品生产和商品交换为手段，满足社会需要并实现饭店目标，使饭店的经济活动与饭店生存的外部环境达成动态均衡的一系列有组织、有计划的活动，它既是饭店的一种管理观念，也是饭店的一系列有效的管理活动。从这个意义上讲，经营和管理是密不可分的。但是，经营的侧重面是向外针对市场，针对需求，所包含的主要内容是市场调查和状况分析、市场需求决定的目标市场选择和市场定位、饭店产品的创新和组合、客源及销售渠道的开拓，从市场的角度出发运用资金进行成本、利润、产品、价格分析等。管理的侧重面则是向内针对具体的业务活动，包含的主要内容是按科学管理的要求组织和调配饭店的人、财、物，使饭店各项业务正常地运转，在业务运转过程中保证和控制质量，激励并保持员工的工作积极性，并通过工作保证达到饭店经营的经济目标。从这个角度讲，经营和管理又是有区别的，不能简单混淆。

事实上，经营决定着管理、制约着管理，管理又是经营的必备条件。经营中蕴含着管理，管理中也蕴含着经营。为了简单和统一起见，习惯上将经营管理简称为管理。

第 2 节 饭店管理的内容

饭店管理的内容有：饭店组织领导、生产经营管理、人力资源管理、市场经营管理。

一、饭店组织领导

饭店组织以组织结构学和组织行为学为理论依据，根据饭店的规模、档次、业务范围、客源主体，确定组织的结构和内容。具体包括：饭店部门的设置和层级的划分、各部门职责的划分和责权的规定、各部门各层次业务相联系的方式、信息沟通的网络和途径、管理人员的配备和选定、编制定员的确定、经常监督组织的有效性和合理性、制定相应的规章制度。此外，在饭店运转过程中，根据业务需要，还要对组织的各个方面做必要的调整和改进。

二、生产经营管理

1. 饭店的决策和计划管理

饭店组织形成后，就会展开正常的经营活动。这种经营活动不会自发产生，而是依据一定的目标有计划地展开，这就需要决策。

2. 业务管理

饭店管理的目的是为了保证业务正常开展，业务管理就是以日常业务活动为对象的管理。饭店日常业务是分散在各部门进行的，各部门业务综合起来就成为饭店业务。因此，业务管理涉及两个层次，即饭店业务管理和部门业务管理。

3. 物资与销售管理

饭店的物资供应和产品销售是与饭店的生产经营活动直接相结合的。一方面，饭店不断地向社会提供适销对路的产品；另一方面，饭店又不断地消费着各种物资。所以，物资与销售管理是联系饭店生产与社会需要的纽带。

4. 财务管理

饭店财务管理包括资金筹措、固定资金和流动资金管理、成本分析、利润管理、财务收支计划、成本核算等。

三、人力资源管理

人力资源管理包括职工录用与辞退、考核和培养干部、人事档案管理、职工的技术业务培训、福利事业管理等。人力资源管理工作除了日常的人事行政管理外，更重要的工作是要营造一个良好的工作环境，调动职工的工作积极性，指导职工工作，发展职工潜在的工作能力，改善职工的工作生活条件等。

四、市场经营管理

饭店除了内部管理外，还有市场经营管理，主要包括饭店的投资与经营形式的选择，对饭店的客源、市场需求、目标市场选择、产品组合等的营销管理，对饭店产品、价格销售渠道、促销方式、广告、公共关系等的系统管理。

上述内容的运动及其规律是饭店管理的研究对象，由此也决定和构筑了饭店管理的体系结构和基本框架。

第 3 节

饭店管理系统

一般来说，管理系统就是具有管理功能并实施管理活动的系统。

饭店是一个管理系统，它是人们为了实现一定的目标，互相结合、制定职责、明确岗位、交流信息、协调行动的人工系统。该系统有五大要素：人员、职责、权力、信息、时间。五大要素合成的饭店管理系统要发挥管理的职能，必须根据系统对象的要求，将五大要素组合成系统结构。饭店管理系统的结构由决策指挥中心、执行系统、操作系统、监督系统和反馈系统组成，如图 2—1 所示：

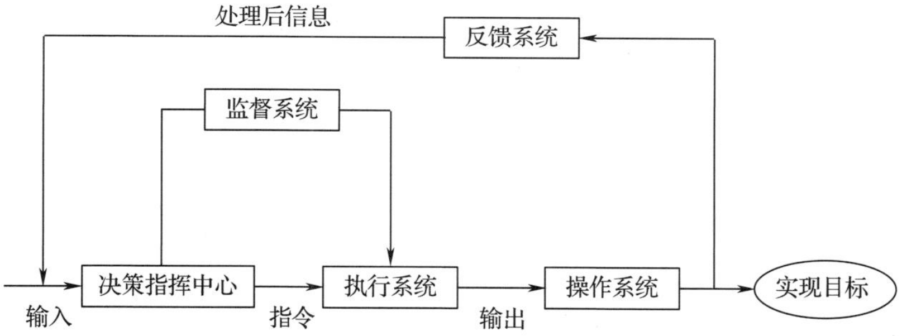

图 2—1　饭店管理系统

第3章

饭店组织管理

第 1 节 饭店组织结构

一、饭店的部门组成及划分

一般情况下，根据业务内容的不同，饭店的部门有前台部门和后台部门。前台部门是指对客服务的部门，主要有前厅部、客房部、餐饮部、康乐部、销售部等。后台部门是指为一线部门服务、不直接和客人接触的部门，主要有财务部、人力资源部、工程部、保安部、办公室等。饭店的组织结构如图 3—1 所示。

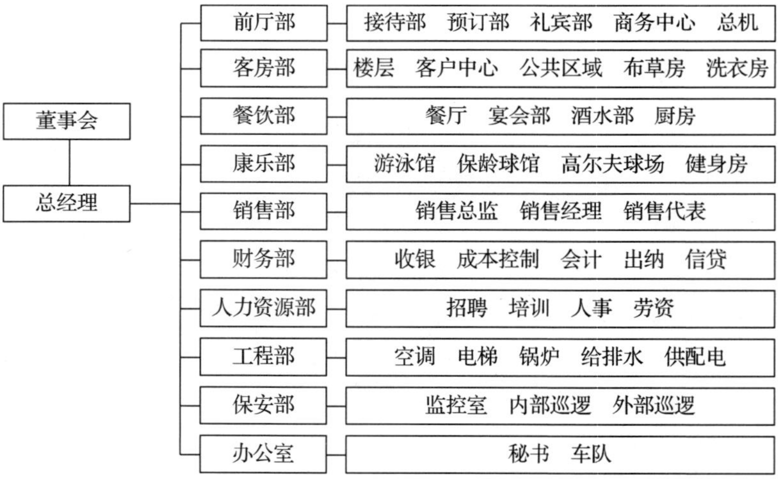

图 3—1　饭店组织结构图

二、饭店的组织结构类型

饭店的组织结构是由不同部门、不同层次结合而成的，各饭店之间的组织结构存在一定的差异。

1. 直线式组织结构

直线式组织结构是一种最简单的组织结构形式。各部门按垂直系统排列，命令自上而下地传递，实行垂直领导，没有职能部门或设立一个职能部门兼管多种职能。该结构适合规模小、业务简单、员工人数不多、分工不细的小型饭店。饭店的直线式组织结构如图 3—2 所示。

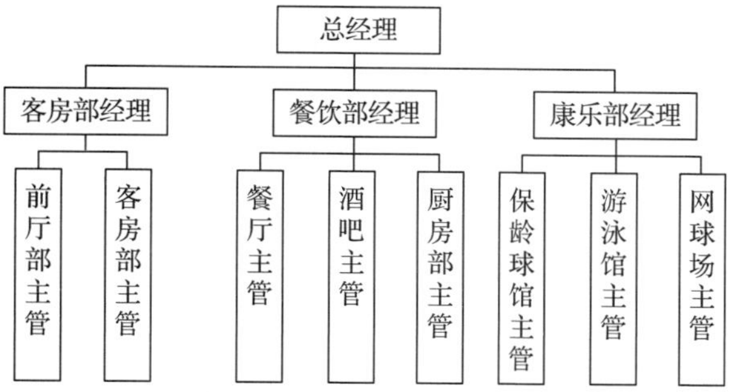

图 3—2　饭店的直线式组织结构

- 优点：第一，机构简单，决策迅速；第二，职责清楚，权限明确，员工责任心强；第三，权力集中，有利于统一指挥，提高组织效率。
- 缺点：第一，要求饭店管理人员具有全面的经营管理能力；第二，集权过多，缺乏横向协调和配合。

2. 职能式组织结构

我国饭店目前普遍采用职能式组织结构，将饭店部门分为业务部门和职能部门。相应地，将管理人员分为直线指挥人员和职能人员。

这种组织结构是在“直线式”的基础上发展而来的，它既吸收了“直线式”对组织控制严密的长处，又能充分发挥专业人员的作用。饭店的职能式组织结构如图 3—3 所示。

- 优点：第一，有利于整个饭店的统一指挥，能充分发挥职能部门专业化管理的作用；第二，分工细致，任务明确，各部门职责的界限明显。
- 缺点：第一，部门之间横向沟通和协调性差；第二，业务部门与职能部门会出现一定的矛盾冲突。

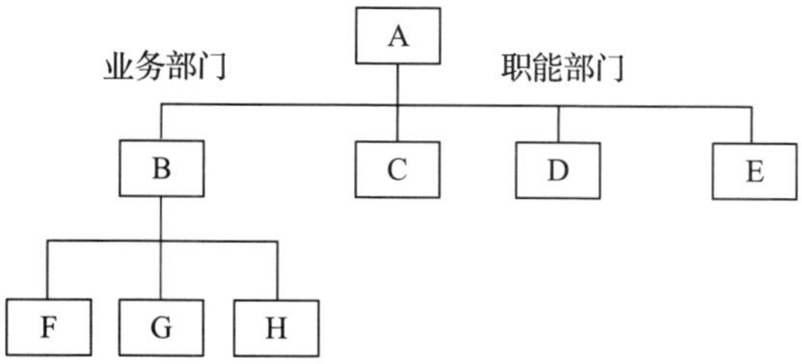

图 3—3　饭店职能式组织结构

3. 事业部制组织结构

事业部制组织结构即按照地区、产品、市场等因素，成立若干个事业部；由事业部统一管理集团某项业务；各事业部独立核算。其特点是突出分权管理，适合于饭店集团。饭店的事业部制组织结构如图 3—4 所示。

- 优点：第一，有利于饭店高层管理人员摆脱日常行政事务，集中精力抓好饭店的发展战略和重大经营决策；第二，有利于面向市场、分散经营、灵活决策；第三，有利于考核各事业部的经营业绩，促进各事业部之间的竞争。

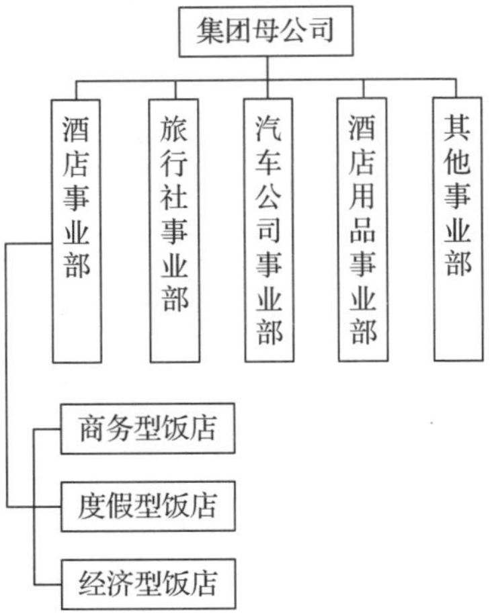

图 3—4　饭店的事业部制组织结构

● 缺点：第一，事业部之间横向协调差，容易形成部门狭隘观念，而忽略饭店整体利益；第二，机构重叠而导致管理费用增加。

4. 矩阵型组织结构

矩阵型组织结构是一种二维组织结构，从工作小组形式发展而来，在原有的按直线指挥与职能部门组成的纵向垂直领导系统的基础上，建立一种横向的领导系统，两者结合起来，组成一个矩阵。饭店的矩阵型组织结构如图 3—5 所示。

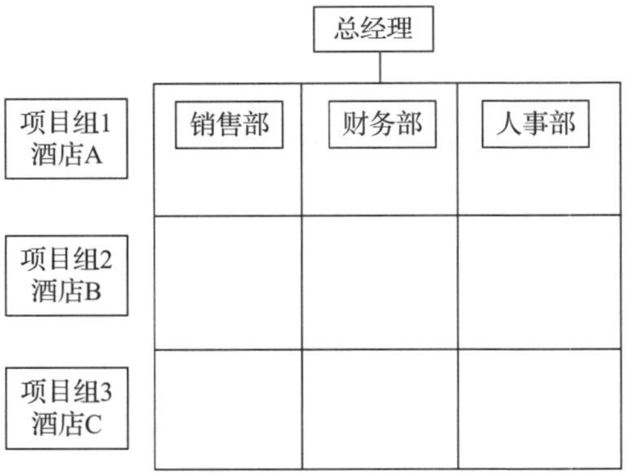

图 3—5　饭店的矩阵型组织结构

矩阵型组织结构应用于饭店组织管理，可将垂直领导的各部门作为常设机构，而将横向联系的各类小组作为临时性机构，以适应一些重大的接待项目等临时性工作。另外，矩阵型组织结构也适合饭店集团。

● 优点：第一，打破饭店内部的部门界限，便于内部不同部门之间的协调；第二，能集中各部门的专业人员；第三，灵活机动，提高人员利用率。

● 缺点：第一，任务负责人的责任大于权力。由于参加任务的每个人都来自不同的部门，隶属关系仍在原部门，由于临时参加该任务，所以没有打破等级制，这种双重领导的状况容易延误决策时机；第二，矩阵结构需要饭店内部一种合作的文化来支持，这是矩阵结构比较难以有效实施的原因。

三、饭店组织管理的主要内容

1. 业务分工与协调工作

（1）设计饭店组织结构图。即横向划分部门，纵向划分管理层级。具体方法为：

1）明确业务分工，设置部门。

2）确立部门的下属业务单元或组织。

3）划分管理层级。

4）确立职位。

（2）建立岗位责任制。具体内容包括上下级关系、岗位描述、工作内容、任职条件等。具体要求为：

1）分别建立管理岗位责任制和作业岗位责任制。

2）业务落实到岗位，责任落实到人。

3）确定饭店的所有岗位。

4）每个岗位要确定工作内容和人数。

2. 管理人员的配备和使用

（1）确定用人标准。包括管理人员的基本素质、管理能力和业务知识等。

（2）配备程序。一般是用人部门提出要求，人力资源部和用人部门考核，相应的管理层做出用人决策。

（3）使用和授权。为使管理人员尽快进入管理角色，应对其授予相应的权力，既用人不疑，又有约束机制，做到爱护培养，能上能下，严格考核。

3. 任务的分配

（1）确定组织目标。例如，确定饭店的年度经营目标。

（2）分解指标和分配任务。例如，将饭店的年度经营目标分解到各个部门，确定各自的任务。

（3）目标考核。例如，年终时根据年度经营目标进行考核。

4. 编制定员

首先，进行定员核定，包括各岗位、各班组、各部门的管理人员和服务人员总数。其次，确定用工类型，包括全职、兼职和正式工、临时工等。

5. 劳动组织

劳动组织是指将人与设施合理配合形成岗位劳动，把若干个单个岗位劳动组成集体劳动，并设计相应的服务流程。

第 2 节 饭店的基本管理制度

一、饭店制度的含义

饭店制度是指用文字条例的形式规定员工在饭店里的行为规范和准则。饭店制度具有目标性、规范性、同一性、强制性、公平性、灵活性和发展性等特征。

二、饭店制度的意义

1．制度是现代饭店企业的标志

饭店是一个组织严密的企业，部门和岗位众多，要想把饭店打造成“产权明晰、责权分明、独立经营、自负盈亏”的现代企业，必须依靠制度来管理。

2．统一饭店企业的意志

制度的特征之一是目标性，它能够通过激励、引导的方式使员工的思想统一，也可以通过惩罚的方式禁止员工的某些行为。

3．制度是饭店规范的保证

饭店里的所有岗位都应该按制度办事，上至总经理，下至普通员工，都应如此。有了制度的保证，在经营管理中就不容易出现漏洞。

4．制度是员工自我约束的依据

这种自我约束，既包括普通员工的仪容仪表、服务标准等方面的约束，也包括高级管理人员的慎用权力、尽职尽责等内容。

三、饭店制度体系

1．经济责任制

简单地说，饭店的经济责任制就是在确定了组织目标后，把组织目标以指标的形式进行分解，层层落实到部门、班组、个人，并按照责、权、利相一致的原则实行效益挂钩的一种管理制度。经济责任制的核心是责、权、利的一致，这种一致是以制度或内部合同的形式予以确定的。

经济责任制的内容主要有：通过决策制订计划，提出组织目标，分解计划指标并落实到各部门及班组，从而提出各部门及班组的经济责任；为保证完成经济责任，饭店要给部门及班组授权并创造必要的条件，提出完不成、完成、超额完成计划指标的经济利益分配，即收益与效益挂钩；经济责任制要提出收益与效益挂钩的具体办法，对完成经济责任的考核，要提出考核时间、考核项目、考核方法，根据考核的实绩兑现分配，从饭店到个人层层落实经济责任制的分配方案。

饭店经济责任制具体落实到不同的管理层活动当中，分别体现为饭店经济责任制、业务部门经济责任制、职能部门经济责任制和班组经济责任制。

履行经济责任制是一项政策性很强且很细致的工作，从制订计划、分解指标到考核业绩、落实分配都有大量的工作要做。该制度旨在调动全体员工的工作积极性，但如果处理不当，又会挫伤员工的工作积极性。在制定经济责任制时，一定要十分谨慎，在经过反复讨论后才可出台方案。经济责任制每年要制定，在实施的过程中根据情况变化还要做修订。

2. 岗位责任制

岗位责任制是以岗位为单位，通过一定的规章制度，规定每个岗位及该岗位人员的职责、工作内容、工作范围、作业标准、权限、工作量等的责任制度。岗位责任制是饭店各项规章制度的核心制度，它强调岗位、个人、责任，涉及每一位员工，使每一位员工都明白自己所在的岗位要完成哪些工作，以及如何做好本职工作。

饭店岗位责任制的内容主要有岗位名称、上下级隶属关系、职责、工作范围、权限、任职资格等。

3. 员工手册

员工手册规定了饭店每一个员工应该遵守的纪律与行为准则，以及相应的权利和可以享受的待遇。每一家饭店的员工手册的内容都有自己的特点。一般来说，员工手册的制定有三方面的依据：第一，依据国家各项劳动人事法律、法规。如《中华人民共和国劳动法》规定劳动者每周工作不超过 44 小时，员工手册中规定的工作时间就不能超越这一界限；第二，依据饭店工作的特点。饭店的服务对象在一天 24 小时的任何时刻都会来到饭店，因此，饭店业是每天 24 小时、每周 7 天、每年 365 天工作的行业。这就要求员工接受不规则的工作时间，由主管来安排早班、中班或晚班，员工某一天可连续工作 16 小时，但一周工作时间不得超过 44 小时；第三，依据国际饭店业的惯例。如为员工提供工作服装、保证员工享受免费的工作餐等。

第3节 饭店企业文化建设

一、饭店企业文化的特点和功能

1. 饭店企业文化的特点

（1）无形与有形相统一。企业文化包含的各种价值因素、信念因素、道德因素、心理因素等，是作为一种文化心态和氛围存在于特定的人群之中的，因此它具有无形性。但作为企业文化的载体，如人的行为方式、饭店的各种规章制度、对客服务过程等却是有形的。通过对有形事物的观察、分析和研究，可以了解无形的各具特色的企业文化。

（2）稳定与动态相统一。稳定性主要体现在企业文化要经过长期的培育、倡导、灌输、塑造才能建立起来，而这种企业文化一经形成，又能够产生一种较大的精神力量，较长时期地发挥作用。动态性主要体现在企业必须是一个开放系统。企业文化的活力和建设的好坏，就在于不断地根据变化着的形势进行创新，不断更新企业文化。

（3）观念与实践相统一。企业文化在形态上表现为一种观念、一种认识、一种群体意识，所谓“认识来源于实践”，企业文化只有在实践中才可能被人们充分认识。无疑，企业文化的核心内容——价值观念作为一种认识，也离不开企业的经营管理实践活动，它既来源于实践，同时又指导实践，为实践服务。

2. 饭店企业文化的主要功能

（1）凝聚功能。饭店企业文化是以广大员工共同的价值观念、价值取向、奋斗目标作为前提的。企业文化影响着全体员工共同的精神状态、理想信念，因此能够使企业员工产生强烈的归属感、命运共同感和集体荣誉感，从而使员工把自己的命运、前途和企业的命运、前途紧紧地联系在一起。企业文化的这种凝聚功能，在企业的危难之际和创业、开拓之时，更能显示出强大的力量。

（2）导向功能。企业文化的导向功能主要表现在企业价值观对企业主体行为，即饭店企业管理者和广大员工行为的引导上。企业价值观可激发员工的自觉行动，鼓励其经常将自己的一言一行对照企业价值观进行检查，纠正偏差、发扬优点、改正缺点，力求使自己的行为符合企业目标的要求。

（3）激励功能。积极的企业文化强调尊重、相信每一位员工，凡事都以员工的共同价值观念为尺度，而不是单纯地以领导者个人的意识为尺度，员工在企业中能够受到重视，参与愿望能够得到充分满足。因此，企业文化能够激发员工的工作积极性和主动性，使他们以主人翁的姿态关心企业的发展，贡献自己的聪明才智。

（4）约束功能。企业文化以广大员工共同的思想、理念、信仰、意识为指导，以制度建设和行为规范为表现形式，因此必然具有约束功能。企业文化对员工行为具有无形的约束力，能够促使员工根据规章制度的要求去控制自己的行为，从而更加主动、热情、周到、细致地为客人提供优质服务，自觉抛弃那些不良行为。

（5）协调功能。企业文化的形成使得企业员工有了共同的价值观念，在较好的企业文化氛围中，相互间能愉快地交流和沟通，减少各种不必要的摩擦和矛盾，员工工作心情舒畅，企业各层级之间的关系较为密切和协调。

二、饭店企业文化的基本结构

1. 企业价值观

企业价值观是指在价值主体中形成的对客观事物的是非曲直所持的态度和认识，即价值取向。这种价值观贯穿于员工整个活动过程的始终，也贯穿于管理活动的始终。所以，企业价值观是整个饭店企业文化系统，乃至整个企业经营管理的文化内核，是企业文化的灵魂，是企业生存的基础。

2. 企业精神

企业精神是指在饭店经营管理过程中长期形成的全体员工的一种精神状态，一种占主导地位的心情和态度。健康的企业精神始终引导员工奋发向上，自强不息，是企业生存、发展和兴旺的重要标志，也是企业文化的核心内容。现代饭店企业精神内容突出表现在创新精神、团队精神、艰苦创业精神、竞争精神及参与奉献精神五个方面。

3. 企业道德

企业道德是指企业及其员工在企业长期经营活动中所形成的道德观念、道德意识、道德规范和行为。它以社会道德为基础，以商业道德和职业道德为主要表现。为此，饭店企业道德建设要以社会道德为指导，以商业诚信为中心，确定饭店和员工的是非观念、善恶尺度，并以此规范饭店和员工的道德规范和行为，它贯穿于企业经营活动的始终，对企业文化的其他因素和整个企业活动都有着深刻的影响。

4. 企业形象

企业形象是企业文化的外显形态，既是企业文化的一个组成部分，又是企业文化的载体。良好的企业形象是企业的无形资产和宝贵财富，是饭店企业在竞争中取胜的基础和重要条件。企业形象包含的范围相当广泛，主要表现在理念形象、产品形象、服务形象、员工形象、经营管理形象、公共关系形象和环境形象等方面。

三、饭店企业文化的建设策略

搞好饭店企业文化建设是一项复杂而艰巨的系统工程，需要系统的进行规划。重点可从以下几方面开展工作。

1. 抓住时代的特点，体现企业自身个性

企业文化建设必须从本企业的特点出发，缺乏个性特点的企业文化是没有生命力的，这是创建企业文化的核心。因此，企业文化建设应反映社会的本质特征和时代精神，用大文化指导小文化，同时结合饭店企业自身的性质、等级规格、接待对象、人员特点、服务特色等，形成自己的企业文化。

2. 提高领导认识，发挥模范作用

企业领导人作为企业文化的发起者和积极倡导者，他的言行和形象对企业文化的发展影响极大。企业领导人只有更充分地展示符合所倡导文化的特点的品德、情感、能力、作风和行为，身体力行，率先垂范，才能带出一种好的作风和好的精神面貌，这是创建企业文化的保证。

3. 培养企业精神

培养企业精神，形成良好的企业文化，可以塑造和培植企业发展的凝聚力、道德规范的塑造力，并在饭店接待服务过程和经营管理过程中发挥十分重要的作用。

4. 继承传统文化，开创新的领域

继承传统文化，开创新的领域，是创建企业文化的宗旨。在深化改革和加大开放力度的同时，饭店企业应继承一些优秀的传统，同时努力学习国外先进的饭店企业文化，使自身更具活力。

5. 健全企业规章制度

饭店企业文化建设离不开规章制度。规章制度是饭店在经营管理时制定的起规范保证作用的各项规定或条例。规章制度文化是饭店企业文化的重要组成部分，是一定饭店价值观、企业精神等精神文化的反映和载体。

6. 加强企业民主建设

加强企业民主建设，要让广大员工参与饭店企业管理，参与企业决策，参与企业文化建设，共同为建设一个牢固的企业命运共同体而努力。

第4章

饭店主要业务部门管理

第1节 前厅服务与管理

前厅部又称客务部、前台部，是饭店组织客源、销售客房产品、负责接待和协调对客服务，并为客人提供各种综合服务的部门，也是饭店经营管理的重要部门。该部门运行是否顺畅，将直接影响饭店的整体服务质量、管理水平、经济效益和市场形象。

一、前厅部的作用与职能

1. 前厅部的作用

前厅部的作用是与所承担的任务相联系的，前厅部担负着销售饭店客房及其他产品的任务，对饭店市场形象、服务质量乃至管理水平和经济效益有着至关重要的影响。前厅部的具体作用如下：

（1）饭店营业窗口，企业形象代表。一家饭店的服务质量水平通过前厅部就可以反映出来。一位客人曾经说过："当我们走进一家饭店时，不用看它的星级铜牌，也不必询问管理方的背景，凭借我们经常入住饭店的直观感受和经验，就可以比较准确地评价出这家饭店是否为合资饭店，是否为中方管理以及它的星级水准。"正是从这个意义上讲，前厅被称为饭店的"窗口"，因为前厅是客人抵、离店的必经之处和活动场所。客人对饭店服务质量的评价不仅取决于大堂的设计、布置、装饰、灯光、设施设备等硬件条件，还取决于该部门全体员工的精神面貌、工作效率、服务态度、服务技巧、礼貌礼节等"软实力"。

（2）服务经营促销，业务协调中心。前厅部的首要任务就是销售客房产品。客房收入通常在饭店营业收入中占有很大比重。前厅还可以通过提供代理邮政、商务电信、代办票务以及租赁等服务，直接取得经济收入，更重要的是其销售服务工作组织得如何会直接影响饭店销售计划的多项指标。

（3）信息集散枢纽，管理决策助手。前厅部就像饭店的控制系统，在很大程度上控制和协调整个饭店的经营活动。由这里发出的各项指令和信息，都将直接影响其他部门对客服务工作的正常进行。例如，当客人来到总台办理入住登记手续时，接待员应在为客人安排好房间后立刻将客人入住信息传达到客房服务中心，使其可以做好接待准备工作。前厅部作为饭店的信息中心，其所收集、加工和传递的信息是饭店经营管理者进行科学决策的依据。前厅部每天都要接触大量有关客源市场、产品销售、营业收入、客人意见等信息，进行统计分析后，前厅部应及时将整理后的信息向饭店决策管理机构汇报，并与有关部门协调沟通，采取对策。例如，管理者通常会根据前厅部所提供的一段时间客人的预订信息，确定未来一个时期内房价的调整方案。

【案例 4—1】

员工的形象就是饭店的形象

王先生花了很长的候机和飞行时间，终于顺利抵达了北京。王先生此次是公务出差，任务很重，还要会见重要客人，因此想要选择一家较好的饭店。

由于北京的饭店很多，又不是旺季，王先生认为找一家合适的饭店并不难。吃过晚饭后，王先生才开始寻找饭店。由于对上次住的饭店印象不错，王先生打算还住那家饭店。赶到饭店门口后，王先生发现门口没有迎宾员，只能自己进去，推了几次门，才找到能推开的一扇门。进去后，发现迎宾员站在迎宾台后昏昏欲睡，而且没有佩戴工牌。王先生走到前台，接待员没有热情地问候，只是忙着整理单据，对王先生的提问只是用几个词语来回答，一句完整的话都没有。远处的大堂保洁员像例行公事一样地擦着地板，保安员无聊地来回走动。大堂里灯光昏暗，死气沉沉，王先生很难与上次住宿的印象联系起来。王先生关心的已经不是房间和价格了，而是为什么会这样？王先生不敢想象，大堂的情况都是这样，那厨房的工作人员是什么工作状态？厨房的卫生状况如何？客房的清洁状况如何？想到这里，王先生只能无奈地走了！

案例解析：

前厅是饭店的门面，每个岗位都代表了饭店的形象，员工表现得好与不好直接决定了客人的印象和评价。由于饭店产品的无形性，客人会通过对大堂的第一印象，推测其他岗位和部门的情况，进而做出留下或离开的决定。因此，饭店应该选派优秀的员工在大堂工作，为客人留下美好的印象，增加客人对饭店的信赖感。

2．前厅部的职能

前厅部的工作任务是在内部各机构分工协作的基础上共同完成的，虽然饭店规模不同，但前厅部的业务分工大致相同，基本上都设有预订处、接待处、问讯处、收银处、礼宾行李处、电话总机、商务中心等主要机构或功能。下面分别予以介绍。

（1）预订处。预订处的主要工作任务包括：

1）熟悉并掌握饭店的房价政策和预订服务规范。

2）接受客人以电话、信函、传真、互联网及口头等多种形式发出的客房预订业务。

3）负责与网络公司、旅行社等客源单位建立通畅的渠道关系，最大限度地销售客房产品，并主动了解委托单位的接待要求。

4）及时向前厅部经理及总台等相关岗位或部门提供有关客房预订资料和数据。

5）定期进行客情预测工作，向上级提供 VIP 抵店信息。

6）编制各种预订报表（包括每月、半月、每周和翌日客人抵达预报）。

7）参与制订全年客房预订计划。

8）保管订房记录及客史档案等。

（2）接待处。接待处又称“开房处”，其主要工作任务包括：

1）按照接待计划和房态显示排房。

2）掌握预抵、预离、入住客人动态及信息资料，控制房间状态。

3）为客人办理入住登记手续，分配房间，安排行李服务。

4）与预订处、客房部等保持沟通，最大限度地销售客房。

5）协调其他部门的对客服务工作等。

（3）问讯处。问讯处的主要工作任务包括：

1）提供问讯服务，包括介绍饭店服务项目、市内观光和交通情况、店内集会活动等相关信息。

2）接待来访客人。

3）及时处理客人邮件等事项。

4）提供留言服务（住客留言与访客留言）。

5）分发和保管客房钥匙等。

（4）收银处。收银处也称结账处，因业务性质所定，收银处通常隶属于饭店财务部，由财务部管辖。但由于收银处位于总台，与总台接待处、问讯处等岗位有着不可分割的联系，直接面对面地为客人提供服务，是总台的重要组成部分，因此，前厅部也应参与和协助对前厅收银员的管理和考核。总台组合岗的设置是目前比较普遍的，即实行前厅一体化管理模式。收银处的主要工作任务包括：

1）办理离店客人的结账手续。

2）收取客人住房预付金（押金）。

3）提供外币兑换服务。

4）与饭店各营业部门的收款员协调业务，核收账款。

5）建立客人账户，管理住店客人的账目。

6）夜间稽核当日饭店营业收益情况，制作营业报表。

7）为住店客人提供贵重物品的寄存和保管服务。

8）负责应收账款的转账业务。

（5）礼宾行李处。礼宾行李处的主要工作任务包括：

1）在饭店门厅或机场、车站迎送客人，提供问询服务。

2）安排客人行李运送、寄存。

3）提供雨伞、轮椅等用品的寄存和出租服务。

4）引领客人去客房，并向客人介绍服务项目、服务特色等。

5）收发并分送客用报刊、信件，为客人提供留言服务。

6）协助管理和指挥门厅入口处的车辆，确保入口畅通和安全。

7）传递有关通知单，为客人取送传真。

8）为客人预约或召唤出租车。

9）负责客人其他委托代办事项。

（6）电话总机。近年来有不少饭店采用无人值班的“电脑话务员”服务模式，将原总机的服务功能划归至总台，构成前厅一体化管理的组成部分。但是，大型、豪华饭店仍采用总机话务服务模式，强调“亲情服务”。电话总机的主要工作任务包括：

1）帮助客人转接电话。

2）为客人提供叫醒服务。

3）提供“请勿打扰”电话服务。

4）回答客人电话问询。

5）提供电话找人服务。

6）受理电话投诉。

7）提供电话留言服务。

8）办理国际、国内长途电话事项。
9）播放背景音乐。
10）进行应急通知。
（7）商务中心。商务中心的主要工作任务包括：
1）提供打字、翻译、复印、传真、长途电话以及互联网服务。
2）根据客人需要，提供秘书及小型会议服务。
3）为会议组织提供文件分拣、整理和装订服务。
4）提供计算机、投影仪等租赁服务。
5）提供代办邮件和特快专递服务。
6）提供客人委托的其他代办服务等。

二、前厅部的服务流程与任务

1. 前厅部的服务流程

前厅部对客服务是一个完整的、处于循环常态的过程。20 世纪 70 年代以前，传统的服务管理是将对客服务划分为客人抵店、住店、离店三个阶段（即“来、住、走”三段式服务流程）。通过服务流程的划分，实际上在客人到达饭店之前，有关客房销售的许多工作就已经开始了。所以，对客服务全过程始于潜在客人与饭店的第一次接触，直至办理离店。

对客服务全过程可划分为客人抵店前的准备工作、客人到店的接待服务、客人住店期间的服务、客人离店的服务和客人离店后的服务五个阶段（见图 4—1）。

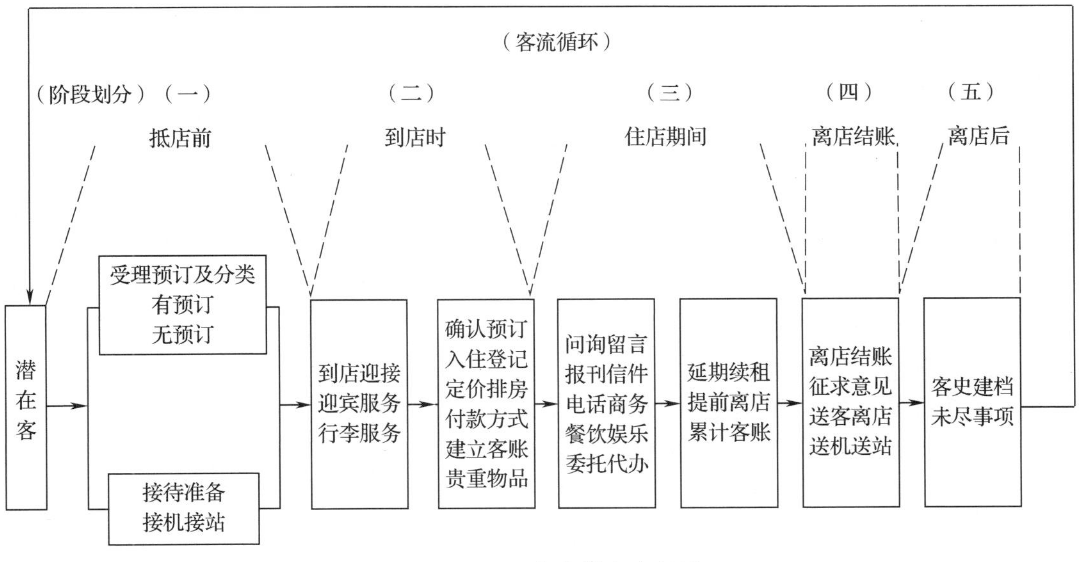

图 4—1　五段式服务流程图

2. 对客服务各阶段的主要工作任务

（1）客人抵店前的准备工作阶段。前厅部在本阶段的主要工作任务是：

1）客源分类。一般可将客源划分为两大类，即已办理客房预订手续的客人和未办理预订而直接抵店的客人。有预订要求的客人提前将住宿需求以多种方式转告饭店预订处，预订员则按工作程序要求受理预订业务。预订处通过对客人预订资料进行统计、分析及预测，为调整及安排房间提供及时、准确的依据。同时，对已办理预订的客人，前厅部应按客人要求在其抵店前预留客房，并做好客人抵店前的各项准备工作。对未办理预订手续而直接抵店的客人，由于不能确定客人的具体需求，则应根据当前房态接待客人并提供相应服务。

2）接待准备。根据客人预订资料中显示的抵、离店日期和特殊要求，预订处要适时安排车辆和饭店代表或行李员前去机场、车站接人，完成预先排房、安排礼品派送、提前通知相关部门或饭店领导迎接等工作。各项准备工作必须周到、细致，并为下一阶段的服务奠定良好的基础。

要清楚地认识到，在客人没有与饭店达成交易之前，每一次接待客人必须以“成功接待”为标准，这一点在前台接待过程中表现得尤为明显。因为与潜在客人接触或商谈虽然不一定成功签约，但是坚持“关键时刻”的理念，不仅是国外饭店多年的经验之谈，也是国内饭店的成功经验。因此，必须不遗余力、全力以赴、细上加细，无论是通电话还是面对面地接触，都要认真对待每一次接待。

（2）客人到店的接待服务阶段。前厅部在本阶段的主要工作任务是：

1）热情迎候。

2）接送行李。

3）确认预订。

4）入住登记。

5）定价排房。

6）确定付款方式。

7）建立客账。

8）传递信息。

在本阶段，无论是对已办理预订手续的客人，还是对未办理预订手续而直接抵店的客人，都要依照国家户籍管理的有关法律、法规，办理入住登记手续。对前厅部已掌握的预订客人的个人资料，可以提前打印或填制入住登记表，使客人抵店时经总台接待员查明其身份证件后能够很快入住，缩短在总台的滞留时间。对未办理预订手续而直接抵店的客人，接待员在定价排房过程中，应进一步了解清楚客人对入住房间的类型、位置、朝向等方面的要求，进行面对面的服务。这样，未预订的客人则需要稍长的时间办理入住登记、交纳预付款等手续。在客人办理完入住登记手续，拿到客房钥匙，获得使用客房的权利后，客人住店期间的服务阶段就正式开始了。

（3）客人住店期间的服务阶段。前厅部在本阶段的主要工作任务是：

1）总台问讯处为客人提供问询和留言服务（很多饭店接待和问询是组合型岗位，同时还负责客用钥匙的分发与控制工作）。

2）总台接待员负责处理客人换房、加床、核对房态等业务。

3）总机为客人提供各种电话服务。

4）礼宾行李处提供各种委托代办服务。

5）大堂经理处理客人投诉（客人在各个阶段都有可能投诉）。

6）总台收银员为客人提供贵重物品寄存、累计客账、账目查询、外币兑换等服务，以及完成催收应收款等工作。

7）总台为客人办理提前离店、延期、续住等手续，负责协调各部门对客服务的调整或变更。

8）商务中心为客人提供各项商务文秘服务。

（4）客人离店的服务阶段。前厅部在本阶段的主要工作任务是：

1）提前将预离店客人的结账通知单派送至房间或直接通知客人。

2）收银员完成对营业收入的夜间稽核等工作。夜间稽核即夜审，是饭店对白天和晚间各项营业收入进行核账，并与日审相衔接的财务工作制度。

3）客人在办理离店手续时，总台收银员根据账户设定、付款方式、预付款存额等情况，经核实后打印总账单或明细账单并请客人过目查看，确认无误后再进行收款。

4）主动征求客人意见，并请客人对服务的不足之处予以谅解，同时感谢客人光临本饭店。这是进行二次推销，培养“忠诚客人”即回头客的良好机会。

5）将客人离店信息通知相关部门。

6）送客离店。根据客人离店时间和要求，及时安排行李员，优先照顾老弱病残的客人以及妇女儿童及其他重要客人。在店门、车门前送别客人，最后祝愿客人旅途愉快并欢迎客人再次光临。

（5）客人离店后的服务阶段。前厅部在本阶段的主要工作任务是：

1）安排饭店代表到机场、码头、车站等处送别客人。

2）收回客人意见调查表，汇总投诉及其他意见，分析整理后反馈给相关部门。

3）客史建档。将各项资料整理存档，填写、整理客史档案卡（或录入计算机系统），保存与客人有关的所有资料。人工整理客史档案，一般可将“入住登记单”最后一联收存，将该客人住店期间的消费等情况记录在卡片上，以客人姓名的字母顺序制作索引，收存在预订处客史档案柜内，以备随时查阅。使用计算机系统管理的饭店则只需要在客人入住时将户籍等资料保留，随时输入新的内容予以补充完善即可长期使用。客史档案是否能够得到有效利用，还可以反映出饭店对客源市场和客人需求的重视程度。

4）未尽事项。客人离店时可能还会办理一些委托事项，例如找寻离店时遗忘的个人物品、代转信件等。前厅服务人员应按饭店委托代办服务规程要求以及相关规定，快捷、妥善地予以处理，不使客人留下遗憾，为饭店赢得信誉。

在本阶段，虽然客人已离开饭店，但是从全部服务流程来看，工作还没有结束，除了建立客史档案等规定工作以外，还会发生一些意想不到的事情，同样要求前厅服务人员保持严谨的工作作风，丝毫不能懈怠马虎。

第 2 节 客房服务与管理

客房部又称房务部或管家部，是饭店向客人提供住宿服务的部门，为住店客人提供各种客房服务项目，负责客房设施设备的维护保养，并承担着客房和饭店公共区域的清洁卫生工作。客房服务质量的好与差直接影响客人对饭店产品的满意度，也对饭店的声誉和经济效益产生重大影响。因此，客房部的工作是饭店整体经营和服务管理中不可分割的重要组成部分，范围大、任务杂、责任重。本节重点讲解客房部卫生管理的概况。

一、客房清洁工作及卫生管理内容

清洁卫生在饭店经营管理中具有特殊意义，是饭店商品使用价值和服务质量优劣的重要标志。客房部的主要任务之一就是“生产”清洁、卫生、舒适的客房产品，因此，清洁卫生工作是客房服务与管理的重要内容。客房部的清洁卫生工作主要包括两大方面，即客房卫生的清洁整理和公共区域卫生的保洁维护，共同的内容包括清洁整理，更换和补充各种用品，维护、检查和保养设施设备等。

1. 客房卫生的清洁整理

客房卫生的清洁整理一般分为日常清扫和计划卫生两类。

（1）客房日常清扫规程。为了保证客房清扫整理工作的效率和质量，负责客房清扫整理的服务员在清扫整理客房之前，必须充分做好各项准备工作，掌握并核准客房状态（如走客房、住客房、空房、维修房等），根据工单或领班分配房间的范围确定客房清扫整理的顺序，按照客房清洁操作程序进行日常清扫工作。

（2）客房计划卫生分类及内容。客房计划卫生是指在客房日常清洁卫生的基础上，结合设施设备及用品的维护要求，确定一个周期性的清洁计划，采取定期循环的方式，将平时不便清扫或没有时间清扫的地方彻底清扫，以保证客房的清洁卫生质量，维持客房设施设备及配备用品的良好状态。概括地讲，主要包括地面保养维护（地板打蜡、清洗地毯），家具设施设备保养维护（翻转床垫，冰箱除霜，擦拭铜器具、顶灯、烟雾报警器、空调出风口、门窗玻璃等），除尘消毒（清洗浴帘、窗帘，地漏喷药，墙壁清洁）等内容。各饭店客房维护保养计划虽然不尽相同，但基本上可以分为定期和不定期两类，并以此制订月度、季度、年度的周期计划。客房部根据编制的计划卫生项目表组织服务人员按计划实施，并由领班等管理人员检查计划的完成情况。具体工作步骤如下：

1）制订卫生计划。客房卫生计划一般可以分为短期计划（日、周计划）和月度、季度及年度等长期计划。每日或每周卫生计划是指除完成日常清扫整理工作外，每天或每周都有计划地对客房某一区域或部位、设备进行彻底清洁。月度、季度及年度卫生计划清洁范围大、项目多、时间长，一般安排在经营淡季或出租率不高时执行，并且要与前厅部、工程部密切沟通协作，可能的话，实行局部封闭楼层，以便对设备进行集中维护检修，缩短周期，尽快恢复到可使用状态。

2）准备卫生工具。员工实施计划卫生工作前必须做好准备，所需工具主要包括梯子、安全带、清洁剂、机油、干湿抹布、刷子等。具体需要哪些清洁工具和用品，必须根据每次计划卫生的具体地点、场所和清洁维护项目来确定。

3）安排组织实施。计划卫生工作一般由客房楼层主管或领班负责组织实施，主要是根据出租率的高低，适时安排和准备每天计划卫生的人员、时间和工具用品等，以保证计划卫生工作的落实。

4）加强卫生检查。计划卫生完成后，纳入整体卫生检查中，由领班、主管检查以保证计划卫生质量。另外，还要安排饭店质检部定期或不定期地对客房部卫生管理工作进行全面、专项的检查以及督导和考核。

5）确保操作安全。计划卫生在有些区域需要高空作业，如清洁门窗玻璃，要站在窗台上；清扫高处灯管、墙角、天花板等，应使用升降梯。因此，高空作业时必须安排多人一组，并要求正确、规范地使用安全带、升降梯等工具或辅助用具，做到梯子有人扶、登高有保护、挂好保险带、插销不漏电、作业不马虎。必要时需要报工程部，由专业人员操作，防止发生事故。

2．公共区域卫生保洁维护

公共区域卫生保洁维护分为日常保洁和定期保养。这两种清洁方式对人员素质、工具配备、操作规程、工作标准的要求不同。公共区域清洁保养工作是客房部的重要工作，该项工作做得好与不好直接反映饭店的管理水平和企业形象。它能营造良好环境，吸引客人，延长设备使用寿命。公共区域因在饭店中所处的位置和使用对象不同，因此对保洁维护的要求也有所不同。以下对公共区域卫生保洁维护的主要内容进行简要介绍。

（1）前厅。前厅需要得到日夜不停的清洁维护和定期保养。大量的过往客人和短暂停留者会不时地带进尘土、污渍、烟灰、烟蒂、果皮纸屑等，而每一位新来的客人又都要在这里留下至关重要的第一印象。

负责前厅保洁的服务员所做的工作主要有：倒烟灰、整理座位和除尘（抹尘和推尘）。如果厅内有水池，服务员还应用夹子清理池中的垃圾、杂物。在客人活动频繁的白天，服务员必须及时地不断重复以上保洁工作。遇到雨雪天气，大厅服务员不仅要在门口摆放存伞架，向进店的客人派发装雨伞的塑料袋，还应及时地在大门内外铺上踏垫或地毯以吸附雨雪水。大厅服务员还需更为频繁地清除地面上的泥沙和雨雪水，必要时更换踏垫或地毯，否则，不仅有损大厅的整洁，还可能给饭店石材地面的清洁保养带来麻烦，甚至损害石材。

有些在营业高峰期不便做且可能干扰客人的清洁工作，应尽量安排在客人活动较少的夜晚或清晨进行，如吸尘、洗地、抛光打磨、清理烟灰桶、地面和墙面除渍、设备维修等。

（2）电梯和自动扶梯。电梯和自动扶梯通常设置在前厅、会议厅等公共区域。在清洁保养方面，现代饭店所使用的电梯与旧式电梯基本一致，其清洁范围仅限于轿厢内的地面、四壁、天花板、广告板、灯具等。例如，电梯里铺的地毯特别容易弄脏，应多备几块用于经常更换。为此，很多饭店专门定做带有“欢迎”“星期”等标志的精致地毯，服务人员按规定进行地面吸尘保洁。另外，轿厢内四壁常常会留下人们抚摸的指印，甚至磕碰的痕迹，这些不洁之处特别惹人注意，有碍观瞻。因此，还需使用去污渍的机油及时进行处理，或联系电梯维保人员进行专业处理。

电梯的全面清洁通常在夜间进行。自动扶梯一般也在夜间进行彻底清洁。玻璃或金属护板应保持光亮，金属件应定期除渍保养，踏板槽里经常会有一些脏物嵌在上面，可使用小毛刷细心地清除。在公共区域设施设备维护保养项目中，机电设备的清洁保养得法，可以反映出服务人员的综合素质和设备保养管理的水平。

（3）餐厅、歌舞厅、多功能厅等厅堂。餐厅、歌舞厅、多功能厅等厅堂空间大、面积大、家具样式多，中午、晚间多有客人活动，因此需要与相关部门密切联系，协调打扫保洁时间。

鉴于餐厅营业时间长短受客人用餐时间限制，客房部要妥善安排好各餐厅的进场打扫时间，并主动争取餐厅员工的积极配合。餐厅在营业时间内有清洁需要时，必须及时联系处理，如滴洒汤汁、饮料等必须及时清除，否则，不仅有碍服务的正常进行，还可能造成石材地面湿滑，影响客人行走。饭店考虑到工作的迅捷和方便，一般要求发生在营业期间的清洁问题由餐厅自行解决，但是对临时清除地毯上的污渍，应视营业情况，联系公共区域保洁员尽快携带专用工具和清洗剂到达现场，否则会造成油渍渗入纤维而难以清除干净。对此，客房部应给予积极配合。平日可与餐饮部协调，组织餐厅服务员参加专题培训，就如何使用清洁剂和清洁工具、选择何种清洁方法等进行现场交流指导。

餐厅的全面清洁保养一般在夜晚停业之后至次日开餐之前进行。由于各餐厅的陈设布置差别很大，所以饭店应根据自身条件及管理模式，对清洁项目逐一量化，制定标准和工作方式。一般工作内容有：

1）清除餐桌和餐椅上的食物碎屑及污渍。

2）擦除桌椅腿、窗沿及通风口处的灰尘。

3）擦亮金属件。

4）进行石材地面养护保洁及地毯吸尘除渍。

5）定期清洁家具、灯具等。

6）有计划地分批清洗窗帘并清理座椅、餐桌及墙面。

歌舞厅和多功能厅的清洁任务和要求基本上与餐厅相同，只是歌舞厅常安排在上午打扫，而多功能厅的清洁工作往往在活动前后进行。有时多功能厅的活动比较频繁，如会议、宴会和演出连续进行，这就要求事先制订周密的计划和现场有效的指挥与协调。至于多功能厅的台型及座位分布，或摆放布置，或部分收存等，由厅堂主管部门负责安排落实。

（4）公共洗手间。在一些高档饭店或宾馆中，公共区域的洗手间设有专职服务人员负责随时清洁，服务人员主动为客人放洗手水、递毛巾、开门等，体现出高规格的服务。实际上，客人主要是对洗手间的清洁卫生要求很高，如果有异味或不洁会使客人厌恶、反感。

通常，饭店要根据客流量的大小和洗手间的设备状况确定一个清扫频率，以保证最基本的卫生标准。这个频率可根据一天中使用情况的不同而有所不同。一般清扫无非是擦净台面或地面水渍、擦镀铬件和镜子、除异味以及补充用品。如需进行全面彻底的清洁，规范的做法是：必须在洗手间门外竖立一块标牌，说明关闭原因并指出临近洗手间的所在位置。为了保证洗手间的清洁卫生，这种大清扫除在夜班安排一次外，至少还应在白天或晚间客人活动低峰时段进行若干次，如下午三四点钟。需要强调的是，即使不安排专人在洗手间提供服务，遇有重大活动时也应临时设岗。这样，不仅可以保证洗手间的卫生标准，还可以防止或减少客人财物丢失的现象，后者在女宾洗手间尤为重要。

（5）照明灯具。吊灯在饭店里的位置往往是十分显眼的，甚至成为饭店豪华程度的象征。但大型吊灯的清洁保养却是一项不容忽视、必须谨慎对待的工作。许多大厅的吊灯有成百上千件玻璃饰物，拆装、清洗麻烦且不安全。通过平日观察，如果不是明显有灰尘、蚊虫的话，短期不用安排清洗，因而维护期限的间隔比较长。当然，现在很多饭店在灯饰设计和选用上已经注意到后期管理中的清洁保养问题，有的安装了滑轮组以便升降等。更多的是购置升降梯或升降平台，增加高空作业必不可少的设施设备，提高工作效率和安全性。

清洁大型吊灯的工作难度大，造成的损坏很难修复。为此，美国曾有一家饭店的员工想出了一条妙计：他们把提前配制好的清洁剂溶液装入一只压力喷壶，在高梯上使用喷壶对吊灯饰件进行喷雾清洗，同时，在吊灯下面的地面上用雨布张起一个如漏斗状的接水装置，防止溶液滴洒，这样，整个工作过程比以往快了许多，提高了工作效率，而且安全省力。饭店可以根据自身设备特点，归纳、总结实用、有效、安全的清洁维护方法并推广实施。

（6）金属材质的设备用品。不锈钢和镀铜器等金属饰物或用品在现代化的饭店里被普遍采用。例如，各式水牌、隔离桩、行李推车、餐厅酒水车等，这些专门设计、价值较高、工艺精良的用品给饭店增添了光彩，但是这些用品的清洁维护、处理保养及搬运使用需要特别注意以下几点：

1）对这些器物必须坚持每天清洁，器物沾上污渍要及时清除处理，使其表面保持光亮、洁净，否则就容易失去光泽。

2）在使用或搬运过程中注意轻拿轻放，拆卸运输时慎重使用工具，防止不当使用出现划痕，从而破坏原有的设计和工艺效果。

3）在夏季使用空调降温会增大空气湿度，使其表面很快产生氧化层，器物失去光泽，所以必须对器物表面规范处理，使其保持光亮。

4）擦洗不锈钢和镀铜器应使用专门的清洁剂。不合适的清洁剂会造成表面损伤，甚至造成严重后果，即使同一品名的清洁剂，品质、功用也不尽相同，加上不锈钢或镀铜制品的品质等也有差异，所以选用清洁剂非常关键。对于镀铬、镀钛的器物，通常只需用细软的干抹布擦净、擦亮即可，以免影响美观，减少使用寿命。

（7）花卉绿植的养护。饭店作为公共场所，除讲究建筑设计、功能布局外，还要注意室内外花卉绿植的摆设，主要目的是美化环境，而且合理的绿化布置也有利于调节人的情绪。饭店一般都聘请专业花木公司养护花卉绿植。公共区域服务人员了解有关花卉绿植的养护知识及方法，属于业务知识范围，对保持厅堂等公共区域的卫生清洁具有一定的积极作用。

1）植物摆设原则及其正确选用。首先要根据空间大小、朝向和采光条件选择植物。一般来说，大堂等空间大的区域适宜摆放挺拔、高贵的大型观叶植物，例如橡皮树、荷兰铁、绿萝等，同时选用一些吊挂植物和盆栽花卉可使空间显得明快、充实，富有自然气息。客厅、餐厅、大厅等处，也可以选择枝叶舒展、姿态潇洒的较大型观叶植物，如富贵竹笼、发财树、巴西铁、蝴蝶兰等。在某些特定位置，如桌面、柜顶和花架等处可点缀小型盆栽植物。若厅堂较小，则宜选择娇小玲珑、姿态优美的小型观叶植物，如文竹、袖珍椰子等，或置于案头，或摆放窗前，并与摆件、字画共存，相得益彰，既不拥挤，又不空旷，与房间大小相协调，充分显示出室内观叶植物装饰的艺术魅力。

其次是注重观叶植物的色彩、形态与场所功能相协调。会议室等厅堂布置应力求庄重、典雅、美观大方，使人感到丰盈美满、盛情迎客，因此，要选择庄重幽雅的观叶植物。墙角放置苏铁、棕竹等大、中型盆栽植物，或席地而放，或置于花架上，可具有四季常青的效果；椭圆或长台会议桌、沙发旁宜选用较大的散尾葵、鱼尾葵等，人在其间犹如置身于大自然的怀抱中；茶几和桌面上可放 1 ~ 2 盆小型盆栽花卉植物，可近距离欣赏植物的自然美。在较大的客厅里，可在墙边和窗户旁悬挂 1 ~ 2 盆绿萝或常青藤以形成丰富的层次，使客厅更添情趣盎然的优美景色，增加质感。商务中心、阅览室、书房等要突出宁静、清新、幽雅的气氛，在写字台或柜台一侧放置一盆叶形秀丽、体态轻盈、格调高雅的文竹，书柜架顶端可放一盆悬垂的常青藤或绿萝，再在适当位置点缀一盆精巧的微型盆景或一束清雅绝俗的插花，更显秀丽、文雅。

2）了解花卉养护常识

①注意水质。浇花水分为硬水和软水。浇花以硬水为恶，雨水最理想，其次是河水和池塘水，不可用洗碗水或带洗衣粉的水；水要晾一天再用，使水中的氯气充分挥发。

②注意水温。水温不要太凉。

③注意水量。盆栽花卉绿植要浇透，以底部刚流出水为宜。一般草本植物花卉比木本植物花卉需水量大，南方植物花卉比北方植物花卉需水量大。夏季应多浇水；秋、冬季要控制浇水，保持盆土偏干。

④注意土壤不要板结。施有机肥，适当掺沙，及时排涝。

⑤注意防治病虫害。按照“预防为主”的原则，加强治理，注意通风、透光、浇水、施肥等养护事项，使花木健壮，增强自身抵抗病虫害的机能。一旦发现病虫害，要及时采取措施，以防蔓延。发现花卉绿植病虫害，可选择适用及针对性强的药液喷洒，或及时联系专业公司予以协助处置。

室外、庭院花卉植物养护工作需要具有一定的专业知识、技能及经验，生长期、花期以及遭遇病虫害、剪枝整形等期间更应及时联系专业公司予以指导，或设专人定期地进行养护处理。

二、对客服务及管理

对客服务是客房部的另一项重要工作，能否做到高效、优质，取决于多方面的因素，其中选择何种服务模式是一个重要的前提因素。只有确定了服务模式，才能建立与之相适应的、系统化的、有效的管理制度。

国内饭店的客房对客服务模式主要有两种：一是设置楼层服务台，这是传统的以楼层班组管理为核心的对客服务；二是设立客房服务中心，这是在 20 世纪 70 年代改革开放，全面引进欧美饭店管理模式后实行的新的、以全面管理业务为导向的客房对客服务。现代饭店的客房对客服务可分为以下几种。

1. 楼层接待

客房的住宿接待服务是饭店的主要服务项目之一。客人入住饭店后，大部分的接待服务工作是在楼层完成的。下面以客房服务中心（以下简称“客服中心”）接待模式为例，以连贯的服务环节及其内容来说明客房服务员不仅要准备好整洁、舒适、安全和具有特色的客房迎接客人，而且还要随时提供主动、热情、耐心和周到的各项服务，使客人“高兴而来，满意而归”。

楼层接待服务工作一般分为四个环节，即迎客准备、入住接待、住客服务、退房查房。

（1）迎客准备。客人到达前的准备工作是接待服务过程的第一个环节，准备工作充分，才能为整个楼层接待工作的顺利进行奠定良好的基础。

1）可租房间达标。楼层当值领班逐间、逐项检查，符合卫生整洁、设备完好、物品齐全等标准的房间准予出租；设备用品如有故障或破损应及时报修和调换，维修期间不得出租，并报客服中心在计算机系统中标明“维修房”，维修完毕，验收合格，通知客服中心转为“可租房”，准予出租。

2）贵宾接待准备。客服中心接到前台 VIP 预订通知后，服务员要做到“五掌握”“三了解”，即掌握客人到店时间，掌握客人国籍和身份、人数和团体名称，掌握客人接待标准和收费办法，掌握接待单位，掌握客人离店时间；了解客人的宗教习俗，了解客人的生活特点，了解客人的活动日程。

3）接待贵宾应遵循饭店礼宾规格，按照通知要求提前准备鲜花、水果、礼品及总经理名片等，并放入房间。如贵宾推迟入住，应及时对鲜花、水果做保鲜处理。

（2）入住接待。普通客人入住时，客房楼层服务员通常可在楼层进行卫生保洁或巡视检查，无须专门恭候。如果客人由行李员或其他人员陪同进入楼层，客房楼层服务员遇到客人时应暂停工作，站立并面向客人，热情微笑，主动问候，表示欢迎。如果客人独自进入楼层，服务员除问候和欢迎外，还应主动帮助客人尤其是老年客人或妇女提拿行李物品，引领客人进房。在引领客人进房时要注意以下几点：

1）问清房号，请客人出示房卡。

2）询问客人是否可以帮其提拿行李。行走时，应走在客人侧前方，距离客人 1.5 米左右。

3）主动问候、适当交谈，或回答客人询问。

4）接过客人钥匙（房卡），敲门或按门铃，并报岗位名称。

5）开门后插卡取电，示意并请客人先进房间，如果发现客房有不妥之处，应请客人稍等并立即报告总台。

6）主动征求客人意见，将行李物品妥善放好；简单介绍客房内设备、用品的位置和使用方法，提醒客人有关注意事项。服务员不宜在房内久留，以免影响客人休息，引起客人反感。服务员离开客房时，应主动询问客人有何吩咐，并祝愿客人住店期间生活愉快。

7）接待贵宾入住，饭店经理或主管、领班、楼层服务员可在楼层电梯口迎接，主动问候并引领客人，或为其提拿行李物品，及时送茶、送纸巾等。

（3）住客服务。客人住店期间的服务内容包括访客、洗衣、小酒吧、送餐、拾遗、擦鞋、物品租借等。

（4）退房查房。客人退房服务主要包括退房前的准备工作、离开时的送别祝愿、离开后的检查报告三项工作。

1）退房前的准备工作。服务员根据当日进房单和走客通知，掌握当日有哪些客人将要退房离店。针对客人将要退房，应做好以下几项工作：

①检查客人委托代办事项是否都已办妥。

②检查客人的有关费用是否结清，账单是否都已转送总台。

③关注客人是否需要其他帮助和服务。

④关注客人的动态。

2）离开时的送别祝愿。当客人（贵宾）要离开时，楼层服务员应热情地将客人送至电梯口，主动按电梯按钮，目送客人进电梯，并致祝愿语。

3）离开后的检查报告。客人离开房间，客服中心接总台关于客人结账通知后，应立即通知并安排服务员进房检查，查看有无设备物品的缺少或损坏，有无客人的遗留物品，以及小酒吧的酒水饮料和食品配备数量有无变化等。如有上述情况，要立即通知总台和客服中心。

2. 访客服务

访客服务直接影响客人（包括访客）对饭店服务的看法，而且客人会根据来访接待服务的感受和印象，决定是否会成为饭店的回头客。客房服务员对此项服务必须热情有礼，并足够重视。

（1）访客来访，按规定在总台办理登记手续，或在楼层服务台登记。

（2）未经住客同意，服务员不可将来访者引入客房。同时，不得随便将住客姓名、房号告诉来访者。

（3）根据来访人数及安排，提供茶水和座椅服务，使访客和住客都满意。

（4）如果客人不在房间，应礼貌劝说访客离开楼层，并请访客在总台或服务台留言，或到大堂等候。

（5）服务员按规定巡视楼层，检查楼层有无异常情况，注意访客是否在楼层长时间停留，礼貌劝说访客离开，并向客服中心报告。

（6）记录访客进、离店时间。

3. 洗衣服务

为住客提供的洗衣服务是一项比较细致的工作，客房服务员必须认真对待，按照相关规程操作。

（1）当客人要求湿洗、干洗或熨烫衣服或接到客服中心通知时，客房服务员应立即到房间收取。

（2）服务员应认真核对衣服件数，翻看衣服口袋内有无物品，纽扣有无脱落，衣服表面有无严重污渍或破损，能否按客人的要求洗烫，客人在洗衣单上填写的内容与衣服是否相符等。发现问题时，应当面向客人说明，并在洗衣单上注明。

（3）如发现衣服口袋里有遗留物品，应马上送还给客人。如客人不在房间，可把遗留物品放在梳妆台上，待客人回来后予以告知；如是贵重物品或现金，应马上送交客服中心。

（4）服务员填写洗衣记录。

（5）饭店承诺在规定的截止时间前收取的衣服，在当日晚上或次日即可送回。超过规定时间，则做加急处理。如有可能，当面向客人解释加急费用。送回客人衣服时，可将衣服平放在床上。如客人在房内，请客人当面确认，并请客人在洗衣账单上签字。如门外有“请勿打扰”的提示，可通过电话告知客人。

（6）客人如对洗衣质量投诉，应在问清原因后，立即通知客服中心。

（7）洗衣账单应及时转交总台。

【案例 4—2】

洗衣服务要求专业性

沈经理住在一家五星级饭店，对这家饭店的印象不错。沈经理随身携带了一件女士羊绒大衣，准备外出会见客户时穿。由于来之前太匆忙，羊绒大衣没有来得及清洗。于是，沈经理准备在饭店清洗。她给客房服务中心打了电话，几分钟后，一名员工将大衣取走，并承诺次日中午前送回。第二天中午，沈经理接到了洗衣房打来的电话，声称衣服出现了严重问题。洗衣房主管将衣服送回房间，沈经理看到后大吃一惊，怀疑是不是自己的衣服，原来过膝长的羊绒大衣严重缩水，只能勉强达到腰部。羊绒大衣已经变得面目全非，不能再用于会见客户，而且大衣还是母亲送的礼物。沈经理由惊变怒，质问为什么出现这样的问题，主管的答复是员工洗衣操作失误。

不管怎样，问题出现了，沈经理要求饭店赔偿自己的损失。可是按照洗衣单上的规定，赔偿金额一般最高不超过洗衣费的10倍，但沈经理的损失何止10倍。沈经理出示了大衣的购物发票，要求全额赔偿。最终，饭店方面进行了现金赔偿，但没有达到全额赔偿，中间的差额将通过以后的免费房间来补偿。

案例解析：

在饭店管理过程中，洗衣房往往不太受重视。一方面，洗衣房的工作环境较差，如高温高湿、空气不好、没有阳光；另一方面，饭店重视洗衣设备的购买，忽视员工洗衣技能和操作的培训，导致员工不能准确地掌握工作要领和注意事项。尤其是洗衣过程中要使用多种化学用品，不经过系统的培训，员工很容易操作失误。

4. 客房小酒吧服务

为方便住客在客房饮用酒水饮料和食用小食品，较高档的饭店在客房内设有小酒吧，配备烈酒、啤酒、汽水、果汁以及佐酒小食品等，还提供配套的酒杯、水杯、开瓶器、调酒棒、纸巾、饮料账单等，账单上列出所供应的饮料食品的品种、额定存量、价格以及小酒吧的管理说明。

小酒吧每天必须定时清点，及时补充。检查时要认真仔细，以免出差错。例如，酒水饮料和小食品的商标统一朝外，便于核对数量，经常检查瓶口是否松动，检查后将客人的耗用量填写在核查单上，并按规定品种和数量补齐补足，用过的杯子及其他用品应撤换，补充新账单。

5. 拾遗服务

遗留物品多发生在客人退房离店之际，服务员查房或整理房间时如发现遗留物品应立即报告，并妥善处理。

（1）拾获者发现客人的遗留物品时，应立即通知总台，查询客人是否已经结账退房并离开饭店。

（2）若客人尚未离店，可由客服中心立即与之联系并将遗留物品交还给客人。

（3）若客人已离店，应立即将遗留物品上交客服中心或交由客房部办公室保管，并填写“遗留物品登记表”，记录拾获遗留物品的日期、时间、地点、名称、拾获者姓名等内容。

（4）将遗留物品按饭店制度处理。具体做法包括：

1）遗留物品统一管理。饭店制定遗留物品管理制度，方便客人查找和对遗留物品进行管理。按照通行惯例，饭店员工捡拾客人遗留物品后，应统一交由客服中心接收和管理并登记备查。电话总机、总台、保卫部或其他部门等接到客人关于遗留物品的反映，应及时与客服中心联系，并尽快答复客人查询结果。

2）设专人管理。客服中心服务员负责登记和保管，由部门秘书监督。秘书应每月对遗留物品储存柜进行清点和整理。

3）配备专用的储存柜。将遗留物品分为一般物品和贵重物品两类，并分别保管。

4）确定保管期。饭店行业对客人一般遗留物品的保管期规定为3 ～ 6个月，贵重物品和现金的保管期不少于6个月。超过保管期的客人遗留物品应依据公安部门有关规定和饭店制度予以妥善处理。

5）对客人遗留的文件、资料应特别慎重，凡未被放进垃圾桶的，都应视为遗留物品，不可随意扔掉。

6. 送餐服务

客房送餐服务是按客人预订要求，将餐食、饮品送进房间的一种特殊服务。饭店在客房内放有送餐预订卡，餐饮部设有送餐组，如果客人需要在房内用餐，只需打电话到送餐组即可。如果客人填写订餐牌并挂在房门外把手上，客房服务员在进行楼层巡视时发现，应及时收取，并检查有无填写房号、姓名、食品种类、日期等内容，将收集到的订餐牌做好记录后，统一交到客服中心，由送餐组派人取走。客人用餐完毕，客房服务员按客人要求及时撤出餐具，集中存放在工作间，再由送餐组派人取走。

7. 物品租借服务

饭店通常配备一些免费向客人提供的用品，如吹风机、万能插座、熨斗、熨衣板、文具等。当客人借用时，须向客人说明本饭店使用的额定电压，并请客人用后及时归还。

（1）客人借用物品时，服务员应问明所需物品的名称、要求、使用时间等，并详细记录在“租借物品登记单”上。

（2）将物品送至客人房间，并请客人签收。

（3）借出物品时，要检查清洁、完好状况，对电器类物品应当面演示使用方法。服务员在将转换插座或接线板送至客人房间后不应立即离开，而应主动帮助客人接好插头，查看所提供的转换插座或接线板是否符合客人需求。同时，这也给服务员提供了一次观察机会，观察客人是否准备使用饭店禁用的电器。

（4）收回借用物品后，检查物品完好状况并做好记录。

（5）客人退房离店前，客服中心服务员要注意核实“租借物品登记单”记录及押金记录，与客人租借物品库存量核对，并及时与即将退房离店的客人联系，取回借用物品。

8. 客房安全管理

客房安全是指客人在客房区域内的人身、财产、正当权益等不受侵害，也不存在可能导致侵害的因素。

客房安全管理的特点是不安全因素较多，安全管理责任大，员工素质要求高。在防范方面，饭店要做到：对员工进行安全教育，要求员工严格执行安全操作程序；重视设施设备的正确使用和维护保养；提高防范意识。一旦出现问题，员工要做到：发现问题及时上报，按照相应规定行动，保障客人、员工的生命安全和饭店的财产安全。

（1）安全管理制度。安全管理制度包括入住登记制度，来访登记制度，房间检查制度，巡视检查制度，治安事件、火警火灾报案制度，遗留物品处理制度，交班制度，贵重物品保管制度。

（2）客房安全设施

1）电视监控系统。电视监控系统由电视摄像镜头、电视监视器、电视屏幕操作机台等部分组成。

2）自动报警系统。自动报警系统是由各种类型的报警器连接而成的安全网络系统。

3）消防监控系统。一般由火灾报警系统（烟感、温感、手动报警器）、灭火系统（喷淋装置、消火栓等）、防火设施（防火门、防火卷帘）等组成。

4）通信系统。主要包括专用电话、传呼系统、广播系统及对讲机。

5）房间安全设施。主要包括门锁、窥镜、保险箱、呼吸面罩等。

（3）火灾预防。火灾不但会威胁到员工和客人的人身、财产安全，而且还会影响饭店的声誉和社会形象。

首先，饭店要有完备的防火设施设备，包括客房内的《安全须知》《安全通道示意图》、安全报警装置，楼道内的应急灯、疏散指示标志、消火栓、灭火器、喷淋装置等。其次，要加强对员工的防火意识和知识的教育和培训。最后，要有严格的防火制度和职责，定期进行火灾演习。

第 3 节 餐饮服务与管理

餐饮服务是饭店为满足客人基本需求不可或缺的经营服务项目，餐饮部是饭店主要对客服务部门之一。饭店设有一个设施完备、与客人消费需求相适应的餐饮部门，是饭店服务功能齐全、正常运营的必然要求。餐饮部在饭店中的地位日益显著和突出，不仅要满足客人对餐饮产品与服务功能的需求，为饭店在社会上树立良好的企业形象提供一个窗口，还要创造更好的经济效益和社会效益。餐饮部的主要任务是以市场开发和客源组织为基础，以经营计划为指导，以餐饮设施、场所为依托，以食品卫生安全为原则，利用食品原材料及其烹饪加工技艺，科学合理地组织餐饮产品的生产和销售，满足国内外客人日益增长的、多层次的物质和文化生活需要。

一、餐饮部的经营环节

餐饮部的经营环节是指餐饮部在运营过程中，其物资的流动与人力相结合所形成的工作段落，环节是横向的、相互衔接的节点。

1. 市场调研

通过市场调研，可以收集有关信息，了解住店客人以及社会的真正需求，从而能够理性地、有针对性地设计生产符合客人需求的产品。其中，要正确处理市场需求和供给的关系，针对市场需求进行餐饮营销，广泛组织客源，扩大产品销售，才能够提高餐饮经营的经济效益和社会效益。因此，市场调研是餐饮经营管理的首要职能和基本任务，是餐饮经营服务的基础，是餐饮经营环节的第一个步骤。

2. 设施设备的配套

餐饮设施设备的规划配套，是指餐饮部各餐厅、厨房、库房、后勤保障等场所的布局和管理流程，以及设施设备的选址、采购、安装等一系列的计划与实施工作。此项工作建立在确定餐厅经营主题、符合食品加工制售及服务等行业规范的基础上。配套设计和布局应合理、科学、方便操作，设施设备应保证质量、耐用、易保养，尤其是在厨房加工间、热菜间、冷菜间、面点间等排烟及水处理专用设备安装方面，应充分考虑到操作的安全性、运行的通畅性、环境影响评估的科学性。

3. 菜单设计

菜单是餐饮部经营的各类餐饮产品的集中、系统的字面展示，不仅包括产品的种类、名称、规格、价格等内容，还包括营养成分简要说明及科学合理配餐，因此是展示餐饮主题和经营文化的“亮点”。菜单设计原则与饭店的视觉系统设计原则相吻合。使用菜单，对经营者和客人都具有一定的约束作用。具体来说，客人到达餐厅并拿到菜单后，只要不是超出菜单所示内容的范围，餐厅就能够提供客人所指定的菜品和饮品，而不能出现单上有名、厨房无菜的现象。当然，对客人来说，如果提出超出菜单内容的菜肴品种，餐厅可根据实际情况，与后厨商定后再向客人当面确认可否提供。菜单的设计筹划应在深入市场调研、确定经营方针特色和具备加工能力的基础上进行，并最终确定菜单印制计划，满足为客服务的经营需要，同时适当兼顾市场的特殊需求。

4. 食品原材料采购供应

餐饮食品原材料是饭店餐饮经营中产品生产的物质基础。无论何种类型的餐厅、使用何种菜单、使用何种设备用具、聘用何种水平的厨师，如果没有符合质量标准的食品原材料，就不可能生产出高质量的、具有特色的产品。采买食品原材料除了要保证原材料质量符合要求以外，还应确保原材料的数量、规格等符合要求，并在一定的时间允许范围内提供。同时，应控制好采供渠道、检验报告、验收、储存、保管、出库等环节，以便在确保质量、数量、规格的前提下降低成本费用，实现预期的毛利率。

5. 产品加工生产

餐饮产品生产主要是指厨房提供给客人菜肴食品和酒水饮料，以及相应的服务过程。厨房菜肴食品生产水平的高低和产品质量的好坏，对饭店的餐饮经营水平和市场形象影响巨大。餐饮生产管理是对菜肴食品在加工烹饪过程中的操作活动进行计划、监督、指挥和控制，以保证餐饮产品的质量标准。

6. 服务销售

餐饮服务销售是餐饮产品生产的延续，是实现餐饮经营和服务指标的关键环节，直接影响客人对餐饮服务质量的感受。在餐饮经营活动中，生产、服务、消费是连贯进行的。因此，做好餐饮销售服务工作，能够使客人的心理需求得到满足。在服务环节中，通过适当的服务手段以及熟练的技能和技巧推销餐饮产品是餐饮销售成功的重要方法，能在满足客人生理需求和心理需求的同时，实现从餐饮产品到商品的转变，为饭店创造良好的经济效益和社会效益。

7. 成本核算

在餐饮经营过程中，要对餐饮经营成本与费用进行目标核算，并比较实际毛利率与预期毛利率，准确地体现餐饮经营的经济效益和利润指标的完成情况。即从财务角度对餐饮经营进行监督和控制，以便及时发现问题，对餐饮经营的定位、营销、服务进行必要的调整，达到提高效益的目的。

8. 评估与反馈

市场需求不断变化，餐饮部管理层除了要对本部门经营活动进行客观的评估以外，还要通过各种渠道不断了解市场对餐饮产品的评价，即多方反馈的信息。例如，零点或套餐菜肴设计是否符合营养配餐的科学性；宴会菜单设计是否突出了菜系组合的合理性，以及风味菜肴的口味和价位等。针对客人的期望和建议，在确定稳定的产品价格体系和成本核算的基础上，不断调整策略。只有真正做到知己知彼，才能在日益激烈的市场竞争中掌握主动权。

二、餐饮服务的主要环节

1. 餐前准备

餐厅服务员在营业前列队站好，互查着装、仪表仪容。餐厅经理在开例会时宣布、分配当日工作任务及特别事项，要求全体当值人员做好各自开餐前的准备工作。具体内容有：

（1）掌握服务信息。餐前准确掌握餐别、时间、标准、人数、忌讳、菜单等信息。

（2）整理餐桌餐椅。检查分管辖区内的餐桌、设备、餐具、灯具、门窗等是否完好，检查餐桌与餐椅是否牢固，摆放是否合理美观，调节好室温，注意蚊蝇，并填写“质量检查项目报表”。

（3）熟悉菜单内容。熟悉当日菜单，包括菜点的原料、风味特色、烹调特点，酒水、菜点的价格及上菜程序。

（4）用品准备齐全。将当日开餐所需要的餐具、酒水、辅助用品等准备齐全。

（5）摆台完毕站位。根据餐别要求铺单、摆台、配备餐具，台上用品齐全、到位。最后环视检查，确保无疏漏，再次整理工装，按规定位置站位，站姿规范，面向餐厅正门迎候客人。

2. 迎宾服务

（1）热情迎宾。当客人进入餐厅时，迎宾员应面带微笑，主动问候，引领客人入位。

（2）引领入座。迎宾员引领客人入席，拉椅让座。拉椅的要领是：两手握椅，同时右脚尖将椅子稍微后撤，然后向前轻推，使客人放心坐下。

（3）点菜服务。客人坐下后，应将菜单送上，请客人点菜。客人点菜一般应从女宾开始，按顺时针方向进行。客人点菜时，服务员应站在客人左侧，与客人保持一定距离，腰部稍微弯下一点，手持点菜簿，认真倾听客人选定的菜点名称，并适时向客人介绍菜品、推销菜点。如果客人所点的菜已暂时售完，应立即向客人表示歉意，并婉转地向客人推荐其他类似的菜肴。有些菜肴烹制时间较长，应向客人说明原因及等候的时间。服务人员应神情专注，有问必答，百问不厌，主动推销。客人点完菜后，服务人员要将记录下来的菜点与客人复述核对。然后将点菜单一联送到厨房备餐，一联交收款员作为结账凭证。

【案例 4—3】

点菜的决定权在客人手中

周经理带着客户到上海某星级饭店餐厅用餐，这家餐厅很有名气，客人总是很多。周经理一行入座后，服务员马上过来点菜。服务员为周经理推荐了一些特色菜肴，周经理很快将菜点好。

15 分钟后，一道道菜陆续上桌。客人们喝着酒水，品尝着鲜美的菜肴，很是满意。吃到最后，桌上仍有不少菜，但客人们已经酒足饭饱。这时，周经理想起还有一道“清蒸鳜鱼”没有上桌，就催促服务员快点上菜。由于服务员负责同时照顾两个包房，事情太多，把“清蒸鳜鱼”这道菜忘了，于是，立即去海鲜缸称了一条鳜鱼。为了节省时间，服务员没有给客人看，直接送到厨房加工。鱼端上来了，大家都吃了一惊：好大的一条鱼啊！足有 3 斤重，这怎么吃得下呢？

周经理："小姐，谁让你选这么大一条鱼啊？我们根本吃不下啊。"

服务员："先生，实在对不起，我忘记问您了。如果这道菜您不要的话，饭店会扣我工资的。"

周经理很无奈，没有和服务员再理论，径直去找餐厅经理了。

案例解析：

服务员在点菜的过程中，要分清楚自己和客人的角色。服务员只有建议权，而客人具有最终决定权。如果忽视客人的决定权，客人可能就会行使"否决权"，最终拒绝付款。

3．餐间服务

（1）斟酒上菜。上菜按中、西餐相应规格程序进行。

1）斟酒或饮料。如果发现客人所订酒水或饮料的品种与餐桌已摆放的杯具不匹配，应立即更换相应的杯具。酒杯一般放在水杯的右侧。取出客人所订酒水，商标朝外，向各位客人展示，然后开瓶。开瓶操作时应转向一侧，动作迅速，同时避免发出不必要的响声。开瓶后，餐厅服务员为客人斟倒第一杯酒（如果知道客人有主宾之分，应首先征求主人意见，尤其是饮用红酒，注意先请主人品尝，然后再为来宾斟酒）。斟酒后将酒瓶放在餐桌的适当位置，随手撤下空酒瓶，为上菜做好准备。

2）上菜服务。上菜服务最重要的一点是要保证菜肴应有的温度，中餐上菜的服务顺序是先上冷菜，然后上热菜、主食、汤，最后上餐后甜点、水果等。具体要求有以下几点：

①主动报菜名。如果是风味菜肴，要适时介绍口味和吃法，或者烹饪加工特色，以增加客人的兴趣。动作要轻稳，注意不要将汤汁洒在餐台上，更不可洒在客人的衣服上。如果餐桌上已摆满了餐盘，餐厅服务员可先整理一下台面，撤去空盘，然后再上菜，并使用服务敬语提醒客人，防止发生意外。

②主次要有序。上有配食作料的菜肴时，应使主菜与作料同时上桌，或者是先上作料再上主菜。

③掌握好节奏。上菜的速度不一定越快越好。当餐厅服务员为客人上第一道菜时，要主动对客人讲："对不起，让您久等了！"上完最后一道菜时也应该提醒客人："您的菜上齐了，请慢用！"让客人做到心中有数。另外，上主食和汤的时间要视客人用餐情况和要求而定。

（2）值台盯桌。菜上桌后，客人开始用餐时，餐厅服务员要勤观察，不断地主动为客人服务，及时满足客人的需求，以体现良好的服务素质。例如，客人盘中有了骨、刺等，应马上主动上前更换餐碟；客人烟灰缸中有了烟头，应立即更换干净的烟灰缸；客人杯中的酒没有了，应马上为客人添加；在规定的时间内，当发现客人所选菜品没有上齐时，要立即与传菜员联系，尽快上菜；主动为客人分配主食和汤；客人食用海鲜类菜肴时，应及时送上洗手盅和小毛巾或餐巾纸，随时注意保持餐台台面的清洁；观察客人就餐时是否需要增加一些食品和饮料，并及时予以补充。

（3）操作规范

1）除斟酒外，始终使用托盘上菜。

2）所有食物应从客人左边用右手送上。

3）所有饮料应从客人右边用右手送上。

4）所有用过的餐具都从客人右边撤下。

5）先撤盘，后上菜，注意中、西餐的差异。例如，西餐垫盘应随第一道菜用完后同时撤走。

【案例 4—4】

上菜也有讲究

广州一家三星级饭店的中餐厅内宾客云集，餐厅正在接待外宾商务考察团。小韩是负责接待外宾考察团的陪同，他把外宾安排好后，就与同事一起到旁边的工作餐厅用餐。小韩入座后，服务员端上了茶水和凉菜，但热菜一直没有上桌。他忍不住去催问服务员，服务员告诉他，今天客人很多，上菜速度比较慢。小韩等了 40 分钟，仍不见上菜，而此时其他桌的菜已经上得差不多了。小韩和同事又去催问了两次，但还是没有结果，小韩决定不再催问。外宾用完餐，小韩直接带他们上车。此时，服务员追到车门前，请小韩签单结账。

小韩冷冷地说："我根本就没吃上饭，结什么账。"

"先生，实在对不起，今天的确太忙了，把您那一桌疏忽了。要不然给您打包带走，但麻烦您签字。"服务员着急地说。

"我们虽然是陪同，但也是你们饭店的客人，待遇也是平等的。你们给外宾和其他桌都上了菜，就是不给我们上，催了几次还不行，搞得我们现在都没吃上饭。"小韩说着就要上车。

最后，小韩还是与服务员一同回到餐厅结账。在账单的备注处，小韩清楚地注明"由于没有及时上菜，拒绝支付陪同这桌菜的费用。"他拒绝了餐厅给他打包好的"晚餐"，对服务员说："请你们记住这次的教训，以后不要忽视每位客人。"

案例解析：

上菜是餐厅服务员的基本工作内容之一，由于过于忙碌，有时往往忽视了客人的感受。客人最基本的要求是上菜及时、准确。如果涉及多个餐桌的客人，客人们更关注的是公平、相对及时和准确。客人们会自动"排队""编号"，分清先来后到，并强烈地要求"先到者先接受服务"，不能容忍饭店方面的"厚此薄彼"。作为服务人员和管理人员，必须了解客人心理的变化。

4. 餐后工作

（1）结账收款。客人用餐结束，要求结账时，服务人员要立即送上账单，服务人员也可在客人用完甜点后送上账单。账单不可直接交到客人手里，应将账单正面朝下，扣着放在小托盘中，送到客人面前或左侧靠近桌边处，并且询问结账方式。找回零钱时应说："先生（女士），这是找您的零钱。谢谢，欢迎您下次光临！"同时，征求客人的用餐意见，以及是否需要预订下一餐等。如果是夫妇用餐，应将账单先给男方过目；几人同时用餐，应问清楚客人是一起结账，还是分开结账。送账单和找零钱都应使用小托盘托送。结账时要注意账单与点菜单是否相符，收款时要看清票面，点清数额；使用信用卡结算，要开出卡单，请客人确认、签字，并将信用卡交还客人。

（2）拉椅送客。客人用餐完毕欲起身时，应为其拉椅，主动递给客人衣帽或提包，提醒客人带好随身物品，送客人至餐厅门口，对离去的客人说"再见""欢迎再次光临"等。

（3）检查清台

1）查看桌面、桌下、椅子、沙发、挂衣架等处有无遗留物品，如有，应及时送还给客人，无法追送时按规定上交处理。

2）按先口布、毛巾，后酒水杯、碗碟、筷子的顺序分类收拾。收西式餐具时，先用左手端一大盘，将刀子和叉子垂直交叉放到盘上，刀子放下面，然后将其他盘子摞在左手腕上。杂物盆不得放在餐桌上。

3）整理台面，落台。

4）换台布，摆花瓶，清扫地面，整理桌椅。

5）洗涤、消毒餐具，按规定存放餐具，收存菜单。

6）关闭各种电气设备，填写工作记录表，关好门窗。

第5章

饭店营销管理

第 1 节 饭店营销管理概述

饭店内部一般都设立营销部，有的也称“销售部”“市场营销部”“公关销售部”。其主要职责包括：开展市场调研、编制市场营销计划、制定营销战略、开展对外公关活动、确定目标市场、组织销售活动、负责安排和处理团队客人。

一、饭店营销的概念

饭店营销是指饭店在适当的时间、地点，以适当的价格，通过适当的销售渠道和促销策略，向目标客人销售产品和服务的有计划、有组织的活动。饭店推销与营销的区别见表 5—1。

表 5—1　饭店推销与营销的区别

项目	推销	营销
思维的起点	现有的饭店产品及服务	客人的需求
使用的工具	广告、公关、销售促进、人员推销等	产品、价格、渠道、促销等营销组合策略
最终目标	增加营业收入和利润	增加客人的满意度和忠诚度

营销是包括市场调查、产品开发、产品生产、销售、售后服务等所有阶段在内的全部过程，它不是简单地等同于推销，而是一个贯穿饭店发展全过程的活动。销售是营销的一个阶段，推销只是销售的方式之一。推销是从产品出发，考虑的是尽可能增加产品销售量。营销是从市场需求出发，考虑的是企业经营的决策、组织和管理。推销通常采用广告、宣传和公关等方式。营销则包括产品、价格、渠道、促销等策略。

二、饭店营销的现代观念

1. 生产观念

生产是指导企业行为的最古老的观念。该观念认为，客人喜欢那些随处可以得到的、价格低廉的饭店产品。企业致力于提高生产效率和扩大销量，采取“以生产为中心、以产品为出发点”的经营思想。例如，在饭店供不应求的条件下，只要投资建饭店或扩大经营规模，满足旅游者的基本需要，就有可能赢利，不需要太多关注客人的感受。

2. 产品观念

产品观念认为，客人喜欢高质量、多功能和具有特色的饭店产品。企业致力于提供优质饭店产品，并不断改进，并相信客人愿意支付更高的价格，但实际情况并非如此。例如，改革开放后，国内的旅游涉外饭店就以高档次、多功能、优质服务为特征，但很多旅游者并不愿意因此支付较高的费用。

3. 销售观念

销售观念认为，客人通常表现出购买的惰性或抗拒心理，不能听其自然，必须大力促销，刺激购买量。20 世纪 90 年代初，国内的饭店市场不景气，很多饭店增设了销售部，强化了销售职能，管理工作开始以销售为导向。

4. 市场营销观念

市场营销观念认为，实现企业目标的关键在于正确确定目标市场的需求与欲望，并且比对手更有效地满足目标市场的需求。在这一观念的指导下，近年来国内饭店更加注重客人的满意度和忠诚度，从客人角度出发设计和改进饭店的设施和服务。

5. 社会营销观念

社会营销观念认为，企业的任务是以保护或提高客人和社会利益的方式，比竞争者更有效地满足客人的需求，实现企业、社会和客人三者的利益均衡。在这一观念的指导下，近年来国内饭店更加注重环保和节能等问题，出现了“绿色饭店”。例如，很多饭店取消了卫生间的牙膏、牙刷、梳子、洗发液、淋浴液、拖鞋等一次性客人用品，建议客人节约用水、用电，建议客人多次使用毛巾和床单等用品。

三、饭店的市场营销

1. 市场调研

市场调研是饭店开展营销活动的起点。饭店要在市场上开展营销活动，就要了解并准确把握市场的“脉搏”，探测宏观环境与微观环境的基本特点，在此基础上，科学确定营销计划。饭店是一个开放的经济系统，必然受到客观环境的控制和影响。相对于宏观环境，微观环境可控性较强。

（1）宏观环境

1）政治与法律环境。是指一个国家或地区的政治制度、体制、法律制度等对现代饭店经营产生影响的相关因素。这些因素会影响到饭店的经营活动与发展战略。无论是在资金、土地、人力资源的配置上，还是在政策优惠、评星定级、减免税收等方面，政府都在不同程度地发挥作用。政府可以通过制定财政、金融、工资、物价、税收、就业、工作安全、环境保护等方面的法规和政策，影响饭店的经营活动，这样既可以增加饭店的发展机会，又可以限制饭店的经营活动。

2）经济环境。是指饭店经营过程中所面临的各种经济条件、经济特征、经济联系等客观因素。主要考虑的因素有人口因素与个人可自由支配收入、消费结构、税率和汇率、经济基础设施等。

3）科技环境。是指一个国家或地区的科学技术水平、科技政策、新产品开发能力以及技术发展的动向等。科技的发展使饭店成为应用高科技比较集中的领域。

4）社会文化环境。是指一个国家或地区的民族特征、文化传统、价值观、宗教信仰、教育水平、社会结构、风俗习惯等情况。

（2）微观环境

1）饭店客人。客人是饭店效益的源泉，是饭店生存的基础，饭店必须认真研究客人需求的特征、差异及变化趋势。

2）饭店竞争者。分析饭店面临的竞争形势，竞争对手的数量、规模、目标、策略和竞争手段、优势与劣势及反应模式，从而制定有效的市场竞争方针和手段。

3）饭店供应商。包括家具、家电、餐具、食品、肉类、蔬菜等各类供应商，了解供应商的资质、供应能力和信誉程度等。

4）销售代理商。包括旅行社、航空公司、预订网站等各类代理商人，了解代理商的销售能力、销售策略等信息。

5）劳动力市场。包括服务员、管理人员、技术人员等不同类别，涉及薪酬水平、就业意向等内容。

6）相关公众。包括饭店所在的社区居民、周边企业、媒体等，他们会对饭店的发展产生间接影响。

7）饭店内部环境。包括饭店内部的经营情况、员工情况、设施设备情况等。饭店做到“知己知彼”，才能“百战百胜”。

（3）饭店经营环境分析

1）找出最有影响力的环境因素。影响饭店外部环境的因素数量多、复杂程度高、互相关联、变化快、影响大，经营者必须运用丰富的知识、经验和科学的方法进行综合分析。

2）确定各影响因素的重要程度。进一步确定所提出的主要环境因素的重要程度。

3）利害关系分析。利害关系者通常包括饭店客人、饭店竞争者、当地政府、上级主管、银行、各种利益团体等。

2. 市场细分

市场细分是指按照某种划分依据，将整个客源市场划分为若干个具有相对统一特征的小市场。市场细分的本质是对不同客人按需求特征的差异性与相似性进行分类，使得同一细分市场内部，客人的需求特征相对一致；而在不同的细分市场之间，客人的需求特征截然不同。

饭店必须对其所面临的市场进行科学的分析，寻找购买本饭店产品或服务的具体消费对象，集中自身优势，充分满足选定客源市场的特定需求，使得本饭店“在一定的市场上获得最大限度的市场占有率”，追求尽可能高的收益。

（1）市场细分的作用。市场细分有助于发现营销机会，有助于制定和调整营销组合策略，有助于集中资源投入目标市场，有助于在竞争中取胜。

（2）市场细分的依据

1）地理因素。是指根据所处的地理位置、自然环境来细分市场。

2）人口特征。包括人口年龄、性别、家庭人口、收入、职业、文化程度等特征。

3）消费者心理因素。包括消费者的社会阶层、生活方式、个性特点等。

4）消费行为。包括消费者的购买时机、利益需求、购买频率、使用数量、品牌忠诚度等。

（3）有效市场细分的要求。必须符合四个要求：可衡量性，即可以识别和衡量；可进入性，即企业的营销活动可以抵达；有效性，即规模足够大；同质性，即不同细分市场对同一营销策略反应不同。

3. 市场选择

市场细分后，饭店应选择要进入的具体的一个或几个细分市场，即目标市场。

（1）评估细分市场。细分市场应符合三个条件：有一定的规模和发展潜力；结构具有吸引力，如竞争者较少、进入壁垒不高；符合饭店的发展目标和自身资源特点。

（2）选择细分市场

1）密集单一化。选择一个细分市场集中营销。

2）产品专门化。集中提供一种饭店产品，并向各类客人销售。

3）市场专门化。专门为满足某类客人的各种需要服务。

4）有选择的专门化。选择若干个细分市场，分别提供不同的饭店产品。

4. 市场定位

定位是以产品为出发点，但定位的对象不是产品，而是针对潜在客人的思想，也就是说，定位是为产品在潜在客人的大脑中确定一个合适的位置。

简单地说，市场定位是设定本饭店独特的形象特征，在客人头脑中留下印象并形成记忆。通常情况下，无论饭店是否意识到产品的定位问题，在客人的心目中，每家饭店的产品都会占据不同的位置。通过定位，一是把本饭店与竞争者区别开来，树立独特的形象；二是进入客人的选择范围，使客人在选择饭店时，能把本饭店作为首选。

市场定位的原则包括市场导向原则、特色化原则、个性化原则和应变原则。

第 2 节 饭店营销组合策略

一、饭店产品策略

1. 饭店产品的构成

饭店产品是指饭店出售的能满足客人需要的有形产品和无形服务的总和。

（1）设施设备

1）饭店建筑物。主要指建筑物的位置、外形、材料等。

2）设备。包括音响系统、电视、中央空调、康乐设备、会议设备、消防设备等。

3）设施。包括餐饮设施（如各种餐厅），客房设施，会议设施（如各种会议室），娱乐设施等。

（2）无形服务

1）服务员的仪表仪容、礼貌礼仪。

2）服务员的服务态度、服务技巧。

3）服务的程序、标准。

4）服务员的交际能力、业务知识、应变能力。

5）服务员的服务效率及服务效果。

（3）有形产品。主要指食品、饮料、客用品等。

2. 饭店整体产品设计

根据现代营销理论，饭店产品包括三个层次的含义：

（1）核心产品。是指客人在饭店消费时追求的核心利益。这种利益表现为客人在入住饭店的过程中希望由饭店解决的各种基本问题，如安全、卫生、舒适、免受打扰等。

（2）形式产品。是指核心利益的外在表现形式，包括有形产品和无形服务。例如，饭店的设计风格、建筑特色、地理位置、周边环境、设施设备、品牌、服务项目、服务水平等。

（3）附加产品。是指客人在饭店消费时所获得的附加利益。这种利益对于客人来说是必不可少的，它能给客人带来更大的满足，对客人的消费决策具有一定的影响力。例如，快速登记、快速结账、免费接送、免费房间升级、延期付款、VIP 待遇等。

3. 饭店产品组合

饭店提供的是一种综合性产品或组合产品，这些组合产品构成了饭店的产品线。简单地说，产品线就是一组作用和功能相似的产品，大部分饭店主要有住宿、餐饮和休闲娱乐等几条主要产品线。饭店的产品线种类和构成见表 5—2。

表 5—2　　饭店的产品线种类和构成

产品线种类	产品项目
住宿	设施齐全并提供全套服务的公寓或套房，独立自炊式寓所，两居室或三居室的自助式套间，家庭式客房，双人间，单人间等
餐厅	宴会厅，各种风味餐厅，咖啡厅，大陆式餐馆，客房送餐服务
娱乐	乐队，舞蹈，活动剧场，餐厅里的歌舞表演
酒吧	客房内迷你酒吧，大堂酒吧，雅座酒吧，俱乐部酒吧，普通酒吧
休闲设施	健身中心，游泳池，剧院等
运动设施	高尔夫球场，网球场等
商业服务	会议室，传真、复印及翻译服务
个人服务	婴儿看护，洗熨衣服，理发，指甲护理，服装出租
个人用品	洗漱用品，毛巾，浴衣，拖鞋等
各种商店	拥有各式各样的商品

二、饭店价格策略

1. 影响饭店价格的因素

（1）成本。该因素构成了饭店产品价格的下限。

（2）客人支付意愿。该因素构成了饭店产品价格的上限。

（3）竞争环境。该因素决定了市场的平均价格水平。

（4）营销目标。该因素决定了饭店的价格策略，如高价策略、低价策略等。

（5）政策因素。政府管理部门有时会设定最低或最高价格，还会对产品的利润水平进行规定。

（6）饭店产品因素。饭店产品如果有特色和差异性，可以制定较高的价格。

2. 饭店产品的定价策略

饭店产品的定价策略见表 5—3。

表 5—3　　饭店产品的定价策略

分类	主要特点与表现	
折扣价格策略	现金折扣策略	使用现金付款给一定比例折扣
	数量折扣策略	规定一定消费额，达到或累计达到给予折扣
	季节折扣策略	淡季打折，一般以淡季价出现
	时间折扣策略	每天或每周的不同时间，价格不同

续表

分类	主要特点与表现	
心理价格策略	尾数价格策略	尾数采用非整数，给客人以低价感觉
	整数价格策略	整数定价，适用于客房、娱乐等产品
	分等价格策略	把饭店产品分几个档次，每档定一个价
	吉祥数价格策略	例如，客房的价格定为 168 元
新产品价格策略	撇脂价格策略	高价策略，目的是迅速收回投资
	渗透价格策略	低价入市，扩大市场占有率，扩大产品销售
	满意价格策略	市场平均价格水平
差别价格策略	地区差价策略	不同地点和位置，价格不同
	时间差价策略	淡旺季、节日与平时、一天的不同时段，价格不同
	位置差价策略	客房高层低层、阴阳朝向等价格不同
	对象差价策略	同一个客房，不同客人的价格不同

三、饭店营销渠道策略

1．营销渠道的种类

（1）直接营销渠道。例如饭店自己的网站、预订电话、销售人员等。

（2）间接营销渠道。例如独立的预订网站、订房中心、GDS（全球分销系统）、联合营销组织、旅行社代理、航空公司代理、景区代理等。

2．营销渠道选择策略

（1）广泛销售。是指同时选择多个中间商来销售饭店的客房和其他产品。目前，很多饭店都这么做，认为只要能够销售出去就行，但对中间商的管理不力，饭店产品的价格也比较混乱，客人往往无所适从。

（2）独家销售。是指仅选择一家中间商来销售饭店的客房和其他产品。这种情况多见于在某一地区或城市的独家销售。例如，A 饭店在某一城市选择一个独家合作伙伴 B，由后者负责 A 饭店产品在当地的销售，B 就相当于是一个独家中间商或销售商。这种方式对价格的管理效果较好，有益于饭店和中间商的双赢和发展。

（3）选择性销售。是指仅选择少数几家中间商来销售饭店的客房和其他产品。这种方式有利于中间商之间的竞争，从而使他们对饭店的讨价还价能力降低。

四、饭店促销策略

1．饭店广告

饭店的广告方式主要包括店内广告、电视广告、报纸和杂志广告等。由于饭店的客源对象有限，饭店的广告往往不针对大众，因此一般不在大众媒体上做广告，主要选择专业媒体，如旅游杂志、旅游报纸、旅游电视频道等，或在机场、火车站、景区等旅游者集中的地点。

2. 公共关系

饭店的公共关系主要是为了建立良好的公众形象，为饭店赢得良好的外部环境。进行公共关系营销活动时，可以通过新闻发布会、庆典活动、公益活动、公关广告、企业文化活动等方式。

3. 营业推广

营业推广又称销售促进，是指各种具体的促销方式，包括积分奖励、赠送、折扣、免费房间升级等。销售促进的效果最快、最明显，但有可能造成负面作用。

4. 人员销售

大型饭店的最高负责人一般是销售总监，下面设若干个销售经理和销售代表。人员销售是饭店中的重要销售方式，尤其适用于会议、宴会、团队用房等情况，这些客户需要到饭店实地访问，并与销售人员协商。有的饭店甚至聘请一些外籍销售人员，以专门针对某个国家或地区的客源市场，这样销售人员与客户之间的沟通没有语言障碍。

从另一角度来分析，促销可以分为内部促销和外部促销。内部促销方法包括：重视全员推销、加强员工培训、坚持员工授权、实施考核奖励、利用宣传资料；外部促销方法包括：广告促销、信函和宣传品促销、饭店电子资料与音像资料促销、与旅行社合作促销、人员促销、参加旅游产品交易会、电话促销、通过饭店集团统一促销、网络促销。

第6章

饭店人力资源管理

第 1 节 饭店人力资源管理概述

饭店人力资源管理就是科学地运用现代管理学、社会学、人才学、心理学等原理，对饭店的人力资源进行有效的开发、利用和激励，使其得到最优化的组合、使员工积极性得到最大限度发挥的一种全面管理。

一、饭店人力资源管理的特点

现代饭店人力资源管理是包括传统的人事行政管理、员工的激励与管理和潜能开发利用的一种全面管理，它具有以下几个特点：

1. 全面性

饭店人力资源管理不仅包括根据饭店的整体目标为饭店提供和选拔合适人才等人事管理的职能，还包括如何营造一个良好的工作环境、调动员工的工作积极性、指导员工工作、改善员工的生活条件、发展员工潜在的各项能力等。

2. 全员性

饭店要把每一位员工都看成宝贵的资源，要有长期、短期的人力资源培养开发规划，以达到使员工胜任本职工作和提高素质的目的。

3. 系统性

饭店人力资源管理是一个系统工程，由录用系统、培训系统、使用系统、奖惩系统、离退系统等围绕着总系统目标运转的数个子系统组成。

4. 科学性

饭店人力资源管理是一项复杂的、综合性的系统工程，应该进行科学的管理，逐步实现标准化、程序化、制度化和定量化。

5. 动态性

管理者不仅要根据饭店的整体目标选拔合适的人才，对饭店员工的录用、培训、奖惩、晋升、退职等全过程进行管理，更要注重员工工作过程中的动态管理，即重视员工的心理需求，了解员工的情绪变动和思想动态，并采取相应措施调动员工的工作积极性，使全体员工充分发挥潜在的能力。

二、饭店人力资源管理的目标

1. 通过有针对性地设置目标，引导员工的行为方向，把饭店的目标与员工的需求有机地结合起来，帮助员工通过努力工作去实现这一目标。

2. 通过有效的激励措施转化员工的行为，释放出每一位员工的潜能，使之表现最佳。

三、饭店人力资源管理的内容

饭店人力资源管理的内容有人力资源计划制订、人员招聘、员工培训、绩效考核、薪酬管理、沟通与激励等。

1. 人力资源计划制订

（1）人力资源计划的内容

1）人力资源战略。其主要内容包括饭店人力资源管理的原则、方针和目标，以指导人力资源管理工作。

2）职务编制。其主要内容包括饭店的组织结构、岗位设置、任职资格等。

3）员工配置。其主要内容包括饭店每个职务的员工数量、职务变动、职位空缺数量等。

4）用工需求。其主要内容包括阐明需求的职务名称、用工数量、希望到岗时间等。

5）员工供给。其主要内容包括员工供给的方式（外部招聘、内部招聘等）、员工内部流动政策、员工外部流动政策、员工获取途径和获取实施计划等。

6）员工培训。其主要内容包括教育培训需求、培训内容、培训形式、培训考核等。

7）员工晋升。员工晋升实质上是饭店晋升政策的一种表达方式，例如，员工晋升到上一级职务的平均年限和晋升比例，一般用指标来表达。

8）工资。工资要结合饭店所在地区的经济发展水平、物价水平、最低工资限额及员工配置计划、员工晋升计划来制定。

9）人力资源投资预算。即上述各项计划内容的总费用的预算。

（2）人力资源计划的制订。通常饭店按照下列步骤来制订人力资源计划：

1）要根据饭店的组织结构和未来经营趋势，对饭店所需人力资源进行需求预测。

2）分析饭店内外人力资源的供给情况，进行人力资源的供给预测。

3）对需求预测和供给预测进行分析，确定饭店对人力资源的实际需要，制订具体的人力资源计划。

4）对计划的实施进行跟踪、监督和调整，以正确引导当前和未来的人才需求，并与其他计划相衔接。

2. 人员招聘

招聘是指根据饭店的经营目标和相关政策，依据人力资源计划和工作分析的结论，结合饭店的经营状况，补充饭店空缺职位的过程。人员招聘工作主要由招募、选择、录用、评估等一系列活动构成。

（1）职位分析。职位分析即根据饭店工作的实际情况，对饭店各项工作的内容、特征、规范、要求、流程作出规定，明确此工作对员工素质、知识、技能的要求。

（2）招聘方式

1）内部招聘。内部招聘有内部晋升和转换岗位两种形式。内部晋升是指将有才能的员工提拔到更高层级的职位上。这不仅能满足饭店经营的需要，还可以对员工起到激励的作用，但要做到任人唯贤。转换岗位是指员工的职务等级和待遇不变，仅工作岗位变换。转换岗位有的是为了饭店经营的需要，有的是为了让员工的积极性得到更有效地发挥。

2）外部招聘。在饭店新开业或扩建、增设新的服务项目等情况下，需要从外部招聘员工。可以通过媒体广告、职业介绍所、人才交流会等渠道向外界招聘。

外部招聘从应聘人员中选择最佳候选人，选拔方式有求职申请表、面试、测试、体格检查等。综合评定各种考核和测试的结果，严格挑选出符合饭店岗位要求的人员名单，并与入选者商议确定工资待遇，通过审查批准，确定正式录用。饭店正式录用的标志是签订劳动合同。劳动合同是确立劳动关系的法律文书，也是员工与饭店之间形成劳动关系的基本形式。

3. 员工培训

饭店是劳动密集型服务企业，竞争优势是由员工的素质来决定的。饭店建立科学的培训体系，一方面要让员工尽快胜任所承担的工作，适应饭店的工作环境；另一方面要提高员工的服务水平和管理人员的管理能力，提高服务质量，提高饭店竞争力。提高员工素质，既可以使员工的人力资本增值，为员工自身的职业发展提供条件，又可以留住优秀的人力资源。因此，饭店必须经常对员工进行培训。通常对操作层的员工侧重于技能方面的培训，对管理者则侧重于分析问题、解决问题等管理能力方面的培训。员工培训方式既可以是在职培训，也可以是脱产培训；既可以是店内培训，也可以外出进修、考察等。

4. 绩效考核

绩效考核是指饭店人力资源管理部门根据设定的目标和标准，对员工完成工作目标或执行各项规定的实际状况所进行的考查、评估，是奖惩的依据。饭店应建立科学的绩效考核体系，并根据自身的发展进行合理的调整，以适应内外环境的变化。科学合理的考核体系给员工指明了努力的方向，提高了饭店的工作效率，实现了经营目标。

5. 薪酬管理

薪酬管理是饭店人力资源管理的重要内容。薪酬是饭店给予员工的各种形式的经济收入，包括直接报酬（工资、奖金）和间接报酬（集体福利、补助、带薪假期、保险等各种奖励）。薪酬管理的范围很广，包括确定工资级别和水平，福利与其他待遇的制定，各种补贴的发放，奖励和惩罚的标准与实施，工资的测算方法（如岗位工资、计件工资或绩效工资）等。

薪酬是员工生活的保障，同时还是员工社会地位、资历及自身价值的具体体现，直接影响员工工作的积极性，甚至在很多员工看来，没有比薪酬福利更重要的问题了。所以，饭店应根据国家法律法规、社会收入水平、职位的相对价值、劳动力市场供求、饭店财务状况及员工绩效考核情况选择适当的工资形式，实行合理的薪酬管理制度，从而提高员工满意度，激励员工努力工作。

6. 沟通与激励

沟通是指通过召开会议等形式将有关信息传达给员工，用一定的方式使员工能对公司决策有所贡献（如提出建议或方案）。沟通的方式有口头沟通、书面沟通、电话沟通、非语言沟通、电子媒介沟通等，在特定环境中，协商也可以归入此类活动。沟通有利于协调饭店各部门之间、员工与领导之间的信息交换、思想交流，增进理解，增强饭店的凝聚力。在管理中，沟通起到非常重要的作用。

激励是指激发人的动机，使人产生内在的驱动力，并朝着一定的组织目标行动的心理活动过程，或者说是调动人积极性的过程。合理有效地对员工实施激励，调动员工的积极性、主动性和创造性，是企业发展的重要保证。

在激励中要注意两点：第一，激励只有满足员工内心的需求，才会有较好的效果。由于每个员工的需求不同，因此一本证书、一天假期、一本好书、一张音乐会票、一张球票、一次讲座、一次出游等，只要给对了人，就能取得理想的激励效果；第二，激励要以正面激励为主，当然也不排除适当的批评和处罚。总之，要使激励取得较好的效果，一方面要采取多种激励方式，另一方面也要力求做到公平、公正、适度、及时等。

第 2 节 饭店员工培训

一、饭店员工培训的概念

对员工进行培训，是现代饭店人力资源管理的一项重要内容，是饭店以人为本思想的真正落实。随着科学技术的不断发展和人民生活水平的不断提高，饭店管理的事务越来越复杂。为了使饭店经营管理进一步科学化和规范化，必须对饭店自身的组织结构、技术技能、设施设备、人际关系等各种因素加以协调和均衡，让各个因素之间构成一个有机整体，这要求饭店员工不断提高自身的素质和能力，以适应各种新变化和新情况。为达到上述目标，必须对全体员工进行培训。

员工培训是指饭店及其有关部门根据市场发展变化和饭店实际工作的需要，通过各种教导或传授经验的方式在知识、技能、态度等诸多方面对员工进行培养和训练的活动。其目的是为了提高员工的知识水平和从业能力，以适应当前的岗位工作和未来发展的需要。

二、饭店员工培训的意义

在现代饭店中，对人力资源的有效开发与对饭店员工的培训，无论对饭店组织，还是对员工个人，均有重要、积极的现实意义。

1．培训对饭店的意义

（1）改善服务质量，提高劳动效率。培训是根据饭店的操作标准和规范进行的，饭店员工通过各种类型和方法的培训，可以纠正错误或不良的工作方法，从而掌握正确有效的工作方法，促进工作技能和知识由低水平提高到中、高级水平。随着员工自身人力资本存量的增加，服务质量得到相应的改善和提高，必然创造出更高的劳动效率。

（2）减少工作事故，保护员工安全。员工不懂机器设备操作方法，工作技能不熟练、安全管理和工作岗位意识不强等都是导致事故发生的原因。资料表明，未经培训的员工的事故发生率几乎是经过培训员工的 3 倍。我国企业每年发生的事故中，60% 是员工岗位意识不强或劳动技能不高造成的。培训可以使员工养成良好的职业习惯，增强安全意识并掌握安全操作规程，以保护机器设备和员工安全，防范事故发生。

（3）降低消耗，以最小成本获取最大收益。经过培训达到合格标准的员工，在工作中按正确的操作程序和方法进行服务，可以减少或避免工作中的人力、物力浪费，从而有效地降低消耗。

（4）有利于饭店永葆活力，塑造优秀的企业文化。在知识经济浪潮的猛烈冲击下，饭店要想永葆生产经营的活力，就要不断创新，不断适应新形势的发展要求，不断提高员工的知识与技能，才能赢得和保持竞争优势。这就需要对饭店员工进行培训。

在优秀企业文化的塑造过程中，培训起着不可低估的作用。饭店员工作为企业文化塑造的主体，经过培训后，其自身素质得到进一步提高，并也能获得与饭店要求一致的价值观和行为标准。这样就必然构建出高水平的、优秀的企业文化。

2．培训对员工的意义

（1）增强员工的自信心和安全感。培训具有很强的目的性和针对性，员工不断地接受培训—工作—再培训—再工作后，具备了胜任工作的能力，专业技能水平也不断提高，这样不仅能使员工在工作中充满自信，更能增强员工工作的稳定性和安全感。

（2）提高员工的综合素质。饭店对员工进行培训就是要训练员工成为能适应工作和具备较强工作能力的人。员工在培训中，不仅要提高对本职工作的适应能力，而且还要接受职业道德、礼节礼貌、消防安全、食品营养与卫生、饭店管理基础知识、营销知识等培训，使自身的综合素质得到提高，不断完善执行任务、履行职责的工作能力。

（3）为员工晋升创造条件，促进员工职业发展。员工经过培训后，不仅能胜任本职工作，在现工作岗位上出色地工作，还可以承担更重大的责任，为获得更大的发展空间创造条件。而且，培训还可以扩大员工的知识面，拓展工作领域，为员工实现自己的职业理想、求得新的职业发展打下坚实的基础。

三、饭店员工培训的分类

1．按实施培训的不同阶段分类

（1）职前培训。职前培训包括上岗引导和专业性职前培训。

上岗引导是指对员工进行有关饭店的常识性内容灌输，包括饭店业知识，饭店工作的性质与特点，饭店从业人员素质要求（如职业道德、礼节礼貌、仪容仪表等），饭店情况，饭店消防知识，饭店与员工的劳动关系，饭店的员工手册等，以增进新员工对饭店工作的了解，从而增强信心。

专业性职前培训侧重于对新员工分部门、分岗位进行针对性学习，要求员工在上岗前了解所在部门的业务内容、服务规范、程序、质量标准，以便新员工实现“零距离”上岗。

（2）在职培训。在职培训是指饭店员工在工作场所完成生产任务的过程中接受的培训。它是职前培训的深化过程，培训时间贯穿整个职业历程。在职培训旨在不断提高员工队伍的素质水平。

在职培训是解决饭店各种经营问题的有效手段之一。饭店在发展中要不断采用各种新技术、新设备、新理念、新思维，只有通过不同形式的在职培训才能使员工创新思维，掌握新技术、新设备的运用。

（3）脱岗培训。饭店因业务的发展需要，或者员工工种变更、职位提升等需要接受某种专门的训练，这种训练需要受训员工暂时脱离现在的岗位或部分时间脱离岗位，参加学习或进修，这种培训称为脱岗培训。

2．按培训对象的不同层级分类

（1）决策管理层培训。决策管理层的培训主要侧重于智力能力方面的培养，如判断力、逻辑思维能力、概念化能力等。

判断力是指通过管理者对已知信息的处理，对事物发展趋势进行方向性把握的能力。判断力有助于管理者在进行饭店规划和工作计划时，提高工作效率和准确度。逻辑思维能力是指管理者对一些事物进行符合常理判断的能力，较强的逻辑思维能力有助于提高管理者实际工作行为的有效性。概念化能力是指管理者能否看出表面上互不相干事件的内在联系，并从系统的角度进行分析。概念化能力有助于管理者把握全局，并能深入地分析问题和解决问题。

决策管理层培训可以提高决策管理者的市场把握能力、市场预测能力、预算管理能力和经营决策能力。

（2）督导层培训。督导层是饭店的中坚力量。饭店主要从人际交往能力、规划能力和行动能力等方面对督导层进行培训。

人际交往能力可分为对上级交往能力、对平级交往能力、对下属交往能力和处理对客关系的能力。对上级的交往主要是接受上级的任务和针对任务向上级进行反馈；平级交往主要是部门协调和部门沟通；对下属的交往主要是布置工作任务和进行工作指导；对客关系主要是处理客人投诉、协调双方关系。规划能力是指充分调配现有资源，完成工作计划的能力。行动能力是指在工作中采取积极主动的行动策略的能力。

（3）服务员培训。服务员培训主要侧重提高员工的服务质量，提升整个饭店的经营水准。

四、饭店员工培训计划与实施

1. 培训需求分析

培训需求就是特定工作岗位的实际要求与任职者现有能力之间的差距。培训需求分析就是通过周密调研、科学诊断，确定员工现有的知识、能力与从事本岗位所要求的知识、能力之间的差距状况的一项活动。培训需求分析是培训工作的起点，是质量控制首要的一环。完整、科学的培训需求分析，是确保工作、绩效、培训高度契合的基础。培训需求分析应由人力资源部门或前厅部门组织开展。进行培训需求分析的方法主要有座谈、问卷调查、观察、测试、检查、分析客人投诉、暗访、会议、分析工作活动等，这些方法最好同时使用，有助于全面、正确地把握问题，为下一步培训计划的制订打下良好的基础。

2. 制订培训计划

在进行完备和详尽的培训需求分析之后，要有效地实施培训，就必须制订详细的、切实可行的培训计划。一个完整的培训计划应包括培训目标、指导思想、培训对象、培训内容、培训师、培训形式及方法、培训时间及地点、培训教材、培训要求、培训考评、培训费用等内容。培训计划要尽可能细化，可操作性要强。

3. 实施培训

培训需求分析为培训工作确立了目标，制订培训计划则为培训工作提供了依据和指导，而实施培训计划则是实现培训目标的关键。培训部应根据培训计划安排和要求，采用多种方式进行培训。在培训正式开始前，应使员工明确培训的必要性，以及对员工发展的益处，提高员工参加培训的积极性和主动性。在实施培训时，应针对不同的培训内容和对象准备好不同的培训材料、场地和设备。完整、清晰的培训材料有助于员工对培训内容的把握；充分利用现代化的培训工具，采用视听设备，可以增加员工的感性认识。而在进行服务操作技能培训时，还应有操作工具供员工亲自操作，加深体会。在培训的具体实施过程中，最重要的是如何提高培训效果。培训效果取决于管理人员是否做好组织工作、培训师是否能够运用培训的技巧、员工是否合作等。

4. 培训效果评估

无论是哪一种培训，其目的都是根据工作需要，促使员工增长知识、获得技术、改变态度，以有效实现组织的目标。因此，为确保培训效果的实现，必须通过考评来鉴别、发现受训人员的技能与知识的提高。培训效果评估是依据组织目标和要求，运用科学的理论、方法和程序从培训项目中收集数据，以确定培训的价值和质量的过程。培训者应征求参加培训员工的意见及建议，并从培训内容、培训方式、组织管理及培训效果等方面进行评估和总结，以便今后改进和提高培训管理和技能水平。在评估培训效果时，应坚持科学性与可行性相结合，定量与定性相结合，做到知识、能力、态度的全面评估。

总之，培训效果评估对于员工培训十分重要。通过评估，既可以了解培训产生的效益，又可以为未来的培训打好基础，以利于人力资源的进一步开发。

第3节 饭店员工职业生涯规划

一、职业生涯与职业生涯规划的概念

心理学家把职业定义为“跨越个人一生的相关工作经历模式”。也有专家把职业定义为“一系列与雇佣相关的职位、任务、活动和经验”。然而，许多研究职业的学者只从心理学的角度出发来研究职业，他们忽略了一点，即职业发生在特定的社会环境和组织中。通常，典型的职业生涯分为一系列的发展阶段，在组织的影响下，个人在每一个发展阶段都发生着巨大的变化。这便是今天越来越多的人提出“职业生涯规划”概念的由来。

1．职业生涯

职业生涯可以分为狭义和广义两种。狭义的职业生涯是指从任职的职业学习和培训开始，直接从事职业工作的这段时间；广义的职业生涯是指从人生起点开始到职业能力的获得、职业兴趣的培养、职业选择、就职，直至最后完全退出职业劳动的完整的职业发展过程。

2．职业生涯规划

职业生涯规划是指组织或个人把个人发展与组织发展相结合，对决定个人职业生涯的个人因素、组织因素、社会因素等进行分析，制订个人一生中在事业发展上的战略设想与计划。

职业生涯规划首先要求对个人特点进行评估，再对所在组织环境和社会环境进行分析，然后根据分析结果制定个人的事业奋斗目标，选择实现这一事业目标的职业，编制相应的工作、教育、培训等行动计划，并对每一步骤的时间、顺序和方向做出合理的安排。职业生涯规划的主体包括组织和个人，涉及员工本人、上级管理人员和组织三个方面。完整的职业生涯规划靠三者共同努力才能实现。因此，对于饭店来说，员工职业选择和职业生涯目标，既是个人的需要，也是饭店的需要，通过职业生涯规划能把员工个人利益和饭店利益有机地结合起来。

对于个体来说，职业生涯规划的好与不好必将影响其整个生命质量。个体的人生目标是多样的，包括生活质量目标、职业发展目标、对外界影响力目标、人际环境等社会目标。整个目标体系中的各因子之间相互交织影响，而职业发展目标在整个目标体系中居于中心位置，这个目标的实现与否直接引起成就与挫折、愉快与不愉快的不同感受，影响着生命的质量。

二、饭店员工职业生涯的设计与管理

1．饭店员工职业生涯设计的步骤

（1）分析员工的需求与定位。

（2）评估职业环境与职业发展机会。

（3）设计职业生涯目标。

（4）设计职业生涯路线与制订行动计划。

（5）评估与反馈职业生涯发展。

2．饭店员工职业生涯管理

职业生涯管理是指饭店管理部门根据组织发展和人力资源规划的需要，在组织中制定与员工职业生涯整体规划相适应的职业发展规划，为员工提供适当的教育、培训、轮岗、提升等发展机会。总而言之，职业生涯管理就是饭店帮助员工实现职业生涯目标的过程。

职业生涯管理主要包括两种：一是组织职业生涯管理，是指由组织实施的，旨在开发员工的潜力、留住员工、使员工能自我实现的一系列管理方法；二是自我职业生涯管理，是指员工在职业生命周期（从进入劳动力市场到退出劳动力市场）的全过程中，由职业发展计划、职业策略、职业进入、职业变动和职业位置的一系列变量所构成的管理方法。

因此，饭店员工职业生涯管理具有以下特征：第一，职业生涯管理是组织为其员工设计的职业发展、援助计划，有别于员工个人制订的职业计划；第二，职业生涯管理必须满足个人和组织的双重需要；第三，职业生涯管理形式多样，涉及面广。

3．饭店员工职业生涯管理的内容

（1）职业路径。职业路径是指组织为内部员工设计的自我认知、成长和晋升的管理方案。职业路径在帮助员工了解自我的同时，使组织掌握员工的职业需要，以便排除障碍，帮助员工满足需要。另外，职业路径通过帮助员工胜任工作，确立组织内晋升的不同条件和程序对员工职业发展施加影响，使员工的职业目标和计划有利于满足组织的需要。职业路径设计指明了组织内员工可能的发展方向及发展机会，组织内每一位员工可以沿着本组织的发展路径变换工作岗位。良好的职业路径设计一方面有利于组织吸收并留住最优秀的员工，另一方面能激发员工的工作兴趣，挖掘员工的工作潜能。因此，职业路径的设计对组织来讲十分重要。

（2）职业选择。职业选择是个人对于自己就业的种类、方向的挑选和确定。它是人们真正进入社会生活领域的重要行为，是人生的关键环节。通过职业选择，有利于人和劳动岗位的较好结合，使个人顺利进入社会劳动岗位，它有利于社会化的顺利进行与实现。通过职业选择，有利于取得经济利益、社会效益等多方面共赢，促进人的全面发展。通常人们根据下列三种性向来进行基本的职业选择：

● 常规性向。具有这种性向的人会被吸引去从事那些包含大量结构性的且规律较为固定的活动的职业。在这些职业中，雇员个人的需要往往要服从于组织的需要。

● 企业性向。具有这种性向的人会被吸引去从事那些包含大量以影响他人为目的的语言活动的职业。

● 艺术性向。具有这种性向的人会被吸引去从事那些包含大量的自我表现、艺术创造、情感表达以及个性化活动的职业。

（3）工作—家庭计划。组织中的员工除了有职业生活外，同时还在经历家庭生活。工作—家庭计划的目的在于帮助员工找到工作和家庭中的平衡点。

（4）职业咨询。职业咨询是指帮助被解雇员工找到合适的工作，或是重新选择职业，同时向他们提供一部分资助，以帮助他们度过职业转换期的管理方法。

第7章

饭店服务质量管理

第1节 饭店服务质量

一、服务概述

1. 服务的概念

服务就是为他人利益或为某种事业而工作，以满足他人需求的价值双赢的活动。服务有以下几层意思：服务的目的是为满足他人或组织的需求；服务是一个互动的交流过程；服务的结果是双赢的。饭店服务是由饭店（员工）提供的、为满足客人利益而从事的具体工作，从而实现客人与饭店价值双赢的活动过程。饭店服务包括客房服务、餐饮服务、信息服务以及行李托管等与住宿紧密相关的活动内容。

2. 服务的特征

尽管各行各业的服务之间有很多区别，并且学者对服务的定义至今仍有争议，但实际上，各种服务仍然有许多共同特性。

（1）不可触摸性（物质形态）。服务产品与实物产品不同，往往不是实体，具有无形性。在有些情况下，服务会和一些物质形态有关系，但物质形态只是服务产品的物质载体。比如住饭店，客人购买的不是客房而是客房某一个时间段的使用权，这一使用权是承载客人购买的饭店服务的载体。

（2）不可储存性（时间形态）。一项服务的消费往往是与它的生产同时发生的，因此服务通常是无法储存的。由于服务的不可储存性，服务能力的管理对于服务运作非常重要。服务能力不足，就会带来机会损失；服务能力过剩，就会白白支出固定成本。

（3）服务的生产与消费在场地上的同一性（空间形态）。服务往往在同一场地生产出来并提供给客人。在服务运作过程中，客人是参与在其中的，整个运作过程暴露在客人面前。这种生产和消费的不可分割性及服务过程标准化的不可能性就为“产品（服务）”质量的控制提出了挑战，因为服务的传递者在他的产品被消费之前不能审查其存在的瑕疵。这种不可分的特性决定了为客人提供高质量服务的一线员工的重要性。如果他们不能发现客人的特殊需求及客人对组织的期望，也不能及时、适当地配合其他员工和管理者的工作，那么其服务的质量就必定受到局限，甚至不可能提供一流的服务。

（4）服务质量的一次性。与制造业不同，服务的质量具有一次性的特征，服务活动一结束，服务质量便消失了，不能被储藏下来。而且，即使客人对某一次服务评价较好，也只是针对这一次服务而言，并不能保证下一次服务也能够得到好评。因此，必须在提供服务的同时保证提供相应的服务质量。

（5）服务构成的综合性。饭店质量是由饭店设施设备质量、菜食质量、客房产品质量、环境氛围以及饭店安全与服务质量构成的。其中，设施设备质量、菜食质量是饭店质量的基础，环境氛围是补充。服务质量是最终的表现形式，是适合和满足客人需要的最后体现。

服务的以上特性决定了客人很难像评价物质产品的质量一样去评价服务质量。虽然如此，客人仍可以根据服务过程和结果来评价饭店的服务，他们的评价主要是通过得到的服务与他们所期望的服务进行比较而得出的。所以，饭店一线员工服务意识的培训、服务礼仪知识的培训以及礼仪在饭店服务中的普及将是提高饭店服务质量的重要手段。

二、饭店服务质量概述

1. 饭店质量的概念

饭店质量可以从狭义和广义两个方面来理解。狭义的质量就是指饭店产品的质量和饭店服务的质量，广义的质量则包括饭店产品质量、服务质量和为实现服务的工作质量。饭店产品质量是指能满足客人物质需求的有形设施设备和实物产品的质量，如菜食与客房产品、环境氛围等。饭店服务质量又称饭店的劳务质量，是指以设施设备为依托所提供的无形劳动在使用价值方面适合和满足客人心理的程度，包括服务态度、服务技巧、服务方式、服务效率、服务效果、礼节礼貌、清洁卫生等。饭店工作质量，是指饭店同服务质量直接相关的各环节、各部门的经营管理工作质量、技术工作质量和组织工作质量，这是使饭店质量达到质量标准的重要保证。

饭店服务适合和满足客人需要程度的高与低，反映了饭店服务质量的好与差。一般来讲，适合和满足客人需要的程度越高，服务质量就越好；反之，服务质量就越差。

饭店服务质量主要包括有形产品质量和无形产品质量，如图 7—1 所示。其中设施设备质量、实物产品质量、服务环境质量三个方面属于有形产品质量。无形产品质量主要是指劳务服务质量。劳务服务质量是无形的，这体现了饭店接待服务的特点。无形的劳务服务质量与有形的设备、环境和实物产品的有机结合，涵盖了饭店服务质量的全部内容。

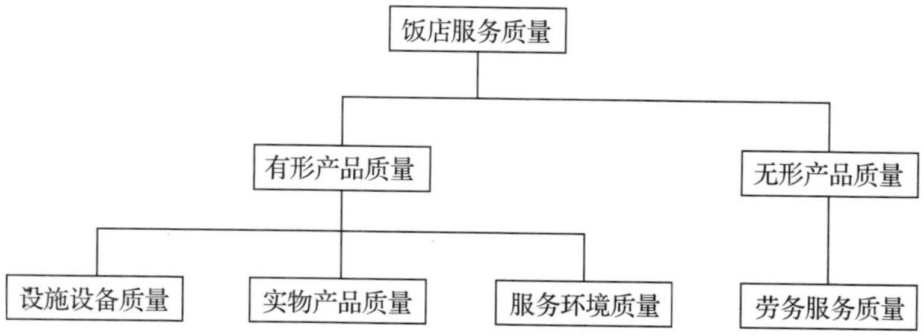

图 7—1　饭店服务质量的构成

2. 饭店服务质量的概念

饭店服务质量是指饭店所提供的各项服务适合和满足客人需要的自然属性，通常表现为满足客人的物质需求和精神需求两个方面。在质量管理中，把这种自然属性统称为质量特征。不同的服务具有不同的质量特征，不同的质量特征分别满足客人不同的需求。同一种服务，由于质量特征的水平不同，其满足客人需要的程度也不尽相同。因此，饭店服务的这些自然属性能否满足客人在物质和精神上的需要，以及满足的程度如何，就是衡量饭店服务质量好与差的主要标志。

3. 饭店服务质量的特点

饭店服务质量同其他一般商品的质量相比，存在很大差别。其主要特点有：

（1）服务质量评价标准多元化。饭店产品的销售过程是有形物质消耗（酒水、饮食、商场商品等）和无形劳动（各种服务）相结合的过程。因此，饭店的服务评价标准就包括了有形设施标准和无形服务标准。

（2）饭店服务质量是多方面、多层次劳动服务相结合的结果。饭店服务由各个不同内容（不同部门）的一次次具体的服务所构成。而且，饭店服务的一次次具体服务只有一次使用性，它的生产和消费同时进行。对某一环节、某一个部门的生产和消费的具体服务来说，不合格的服务是不能返修的，是无法补救的，但对于饭店整体服务质量来讲，却是可以补救的。因此，在饭店服务质量管理中，既要十分注意对每一次服务的反映，又要注意对不合格服务的补救工作，以保证饭店服务质量。

（3）饭店服务质量是服务水平与技术水平相统一的结果。饭店服务质量往往表现在饭店员工与消费者的直接接触中，因而，其服务质量一方面取决于饭店员工的服务技术水平，另一方面取决于饭店员工的服务精神和服务态度，而且后者比前者更为重要。因此，提高饭店服务质量，不仅要不断提高服务人员的技术水平，还要注意提高服务人员的素质和对服务质量的认识，培养全心全意为客人服务的精神，树立“客人第一”的思想。

第 2 节 饭店服务全面质量管理

一、饭店质量管理概述

饭店是一个服务性行业，为客人提供的产品主要是服务。因此，饭店质量管理的实质就是服务质量的管理。服务质量是饭店的生命线，饭店管理人员应把服务质量的管理作为饭店管理的重要内容。

1. 饭店质量管理的概念

质量管理是指确定质量方针、目标和职责，并在质量体系中通过诸如质量策划、质量控制、质量保证和质量改进，而达到管理职能的所有活动的总称。其中，质量方针是指由组织的最高管理者正式发布的该组织总的质量宗旨和质量方向；质量体系是指实施质量管理所需要的组织结构、程序、过程和资源；质量策划是指确定质量、质量体系的目标和要求的活动；质量控制是指为达到质量要求所采取的作业技术和活动；质量保证是指为提供足够的信任，表明实体（饭店）能够满足质量要求，在质量体系中实施并根据需要进行证实的、全部有计划和有系统的活动；质量改进是指为向本组织及其客人提供更多的收益，在整个组织内所采取的旨在提高活动和过程的效益和效率的各种措施。

通俗地说，如果把饭店看作质量体系，则饭店质量管理包括三方面内容：第一，由饭店总经理正式发布饭店总的质量宗旨和质量方向；第二，确定饭店质量管理目标和质量职责；第三，通过质量策划、质量控制、质量保证和质量改进四项系统的活动，实现和履行饭店规定的质量宗旨、方向、目标和职责。

2. 饭店质量管理的意识

饭店质量管理的意识主要包括以下四个方面的内容。

（1）质量只有好与差之分，没有较好与较差之分。饭店质量是一个整体，由各个岗位的每一项工作和每一个人的每一个行为构成，客人只要有一处不满意，这一项质量就是差的。这样就产生了一个著名的质量否定公式：100−1 ＜ 0。其含义是：如果有一项工作没有做好或者设施设备出了问题，饭店的质量就是差的。因此，不能原谅任何缺点。

（2）重视“第一次效益”。“我们第一次做事的时候就要把事情做好”，这是印在维也纳马里奥特饭店《质量手册》封面上的一句口号。为了防止错误发生，一般采取下列措施：

1）员工要进行上岗前或岗位变动前的培训，知道如何做好工作。

2）每一位老员工都有义务并习惯用示范的方式指导新员工做好工作。

3）每一位员工要对自己的工作进行自查，每一位主管要对员工工作进行全面检查，确保在客人到来之前有备无患。

4）为了确保饭店质量，饭店还可以设立“质量警察”巡回检查。

5）建立和完善预测客人需求制度。

（3）开展无缺点运动。为了帮助每一位员工养成“把工作做好，不发生错误”的习惯，饭店可开展无缺点运动，例如无缺点工作日、无缺点工作周、无缺点工作月等竞赛，逐渐使员工养成无缺点工作的习惯。

（4）确立质量与成本的收益意识。质量的好与差都是要支付代价的。差质量的代价是：由于服务不好，需要立即纠正并重新服务，这样就增加了额外的服务成本，包括产品的原材料、员工服务时间和饭店能源的浪费等。好质量的代价包括培训、实施事故预防计划等所需支付的费用等。当然，好的质量也会给饭店带来更多收益，如饭店可以增加回头客、长住客和散客，也可以避免空房的损失，同时还可以节约广告费和旅行社佣金的支付，因为客人都自愿来住，就不需要大力推销了。

3. 饭店质量管理的要求

（1）“四到”

1）人员要到岗。服务人员没有提前、及时到达自己的岗位，谁来为客人服务呢？虽然在法律、人格面前，服务人员与客人是平等的，但在社会分工中，服务人员所担任的角色是为客人服务。从这个角度来讲，服务人员就应摆正自己的位置。服务人员只有提前到岗，才有时间为做好服务接待工作做充分的、认真的、细致周到的准备，平心静气地等候客人的到来。

2）语言要到堂。“到堂”是重庆地方俚语，有及时、赶超、适度、不滞位等诸多含义。语言是人类特有的用来表情达意、交际、相互了解的工具。服务语言是指在接待客人过程中，服务员用来同客人沟通、交际，以达到为客人服务目的的语言。要为客人服务，就必须用语言与客人沟通、交际，语言在服务中的作用不言而喻。住店的客人一进大堂，用餐的客人一到餐厅，就需要迎宾人员用迎宾用语向客人表示欢迎。同样，在客人的消费过程中，也有语言的适度问题。如话太少，显得对客人冷漠、不热情；话太多，客人又嫌啰唆。使用服务语言要质朴、明快、简洁、正确、一语中的。虽然服务语言不是实物、硬件，但在日常服务过程中常常是不能缺少的。

3）服务要到位。这比前面“两到”又进了一步，深了一层，是指在服务中要严格按规范做事，按程序办事，一丝不苟、环环到位、恰到好处。饭店的服务，首先必须是常规性的规范服务。只有在规范的基础上，才能发展个性服务、超常规服务。有专家认为，服务要到位，首先必须规范到位，不降低标准，不马虎草率，也不错位滞位；其次要做到礼貌到位、卫生到位、设施设备到位、操作到位等。这些到位在某些服务中可能全有，也可能仅有部分，运用中要在规范的基础上注意灵活性，但不要漏项。做卫生时做了地面忘了天花板，做了台面忘了台下，做了中间忘了边角，或者做了但做得不彻底、不干净、不符合卫生要求，这些都是不到位的表现，需要在服务中予以克服。在饭店服务中，由于客观情况不是一成不变的，往往会存在不完善之处。一旦发现这种情况，每个员工都有责任替同事补位，以确保部门以至饭店服务的到位。如遇到投诉，任何人都应主动受理，虚心接受意见，主动承担责任，不可敷衍了事或一推了之。

4）质量要到档。到档，即按规范做，照规矩办，达到质量标准，达到应有的质量档次。质量，是指实体满足规定和潜在需要的能力的总和。其中，实体既包括产品，又包含活动、过程、组织（单位）或人；需要，包括规定的需要与隐含的需要、物质的需要与精神的需要、社会的需要和个人的需要。

由于饭店业的产品特性，很多服务形式都是无形产品（如问询服务、餐厅服务、客房服务等大量的接待服务），服务的质量标准难以准确量化，但客人的评定是对饭店服务质量的基本测量。在客人对饭店提供服务的评定中，通常主观评定是唯一因素，这种“主观评定”有很大的随意性，未必规范一致，也可能不尽合理，但客人主观感受的好与不好是饭店业必须认同并接受的结论。这就是“客人是上帝”“客人永远是对的”的服务宗旨。

（2）质量承诺。饭店还要对客人做出质量承诺，并形成书面文件，作为内部质量管理和质量保证体系的基础资料。

相关链接

维也纳马里奥特饭店的服务质量保证卡

维也纳马里奥特饭店是奥地利第一家推出饭店服务质量保证卡的饭店，每一位入住该饭店的客人都可以在总服务台上获得一张服务质量保证卡。服务质量保证卡的内容如下：

1）服务态度的保证。保证的内容是：“友好和礼貌地殷勤接待。”

2）服务标准的保证。保证的内容是：“提供马里奥特标准的服务。”

3）产品标准的保证。饭店除了提供服务外，还提供客房、饮食、娱乐设施等产品。对产品标准的保证内容是：“提供最高等级的产品。”

4）质量保证的适用区域。由于饭店部分区域可能租借给别人经营（如维也纳马里奥特饭店，大堂四周的一部分房间租给了旅行社和商店经营），因此，饭店不能对出租区域的产品和服务的质量做出保证。对于这一点，要在质量保证卡上写明：“所做质量保证仅适用于维也纳马里奥特饭店管理的区域。”

5）质量不满意部分的纠正与赔款保证。这是在质量保证卡中使客人信服、对饭店有约束力的内容。维也纳马里奥特饭店质量保证卡上写道：“如果我们的服务不符合马里奥特标准的话，我们保证立即纠正或退还给你不满意部分的钱款。”

二、饭店服务质量管理与控制

1. 饭店服务质量管理方法

（1）专项质量管理。专项质量管理又称为项目管理。1993 年，国际标准化组织提出了“项目质量管理”的建议，旨在强化质量体系要素中的某一环节的管理控制，以便在局部上提高服务和产品的质量。由于项目管理相对实用、简练、容易实施，因而得到了饭店的青睐，被广泛运用。饭店经常开展的“微笑服务月”“礼貌服务周”“环境卫生日”，以及星级复查的准备活动、旅游主管部门倡导的优质服务评比、专门工种技能培训等，均属于专项质量管理范围。

专项质量管理通常的做法是建立质量管理点。所谓质量管理点，是指在某阶段或某时期，需要特别强化控制的关键问题，如部门、岗位或人。这些部门、岗位或人对于整个饭店或某部门的服务质量多半是至关重要的，可能是客人投诉较集中的，可能是饭店或部门最难以推动的，也可能是饭店自身最薄弱的环节。以全面的质量管理闻名全国的上海大厦，连续四次获得“上海市优胜单位”称号，它们的QC（质量控制）小组异常活跃，布件QC小组还曾被评为全国先进，各个QC小组的攻坚目标即质量管理点。

（2）零缺点管理。零缺点管理是美国人克劳斯比于20世纪60年代提出的一种管理观念，当时的马丁·马里塔公司为提高制造导弹的质量，提出“无缺点计划”。70年代，日本将其应用到电子、机械、银行等行业。同样，在饭店中采用这种管理方法，可以促使饭店服务管理达到最佳状态。零缺点管理的主要做法有：

1）建立服务质量检查制度。许多饭店建立了自查、互查、专查、抽查和暗查五级检查制度，督促员工执行质量标准，预防质量问题的出现。

2）DIRFT。DIRFT即每个人第一次就把事情做对（Do It Right the First Time）。饭店服务具有不可弥补的特点，所以每位员工都应第一次就把每项服务做到符合质量标准，这是改善饭店服务质量的基础。

3）开展零缺点工作日竞赛。一般来说，造成饭店服务质量问题的因素有两类，即缺乏知识、技能和缺乏认真服务的态度。知识、技能的缺乏可通过培训等方式进行充实，但态度的漫不经心只有通过个人觉悟才能有所改进。因此，饭店可开展零缺点工作日竞赛，使员工养成DIRFT的工作习惯。

（3）“末日”管理。“末日”管理有两层含义：第一，对那些效益良好的饭店，“末日”管理是为了巩固市场占有率，维护良好的饭店形象，在饭店内部树立危机观念，在质量管理和控制上采取严厉的措施；第二，对濒临破产的饭店，管理者只有“置之死地而后生”，采取非常规方式改变劣势，提高服务质量。无论哪一类饭店，“末日”管理均以严厉的规章制度为核心。严格地说，制度管理是现代饭店管理的基本内容，因而“末日”仅是一个形容词。

（4）团队协作。在每一个团队中，人们不分等级，彼此信任，共同承担责任，形成一种不断地从外界吸收知识、共同学习提高的工作环境。

（5）水平对比法。水平对比法通过树立学习榜样，采用对比的方法，找出差距和不足，改进质量管理。通过公司或组织之间的比较，为改进产品、过程和服务提供有价值的观念和信息。有些国家（如瑞典、日本和美国等）设立了国家质量奖，饭店可以参照国家质量奖的评奖要求，开展质量管理。

（6）建立服务质量手册。服务质量手册是协调质量管理活动的辅助工具。编制、更新和推行服务质量手册，能够较好地协调公司的质量管理活动。服务质量手册应提供有关质量方针、质量目标、组织结构、质量职责和质量体系的信息，并且要说明服务质量手册的目的和用途。

（7）综合运用质量管理统计工具。质量管理要用数据说话，统计方法在质量管理中得到广泛应用。常用的数据统计方法有：分层法、排列图法、因果分析法、统计分析表法、直方图法和控制图法。

2．饭店服务质量控制方法

控制和提高饭店的服务质量和工作质量需要一套完善的管理方法。在现代饭店的质量管理中，通常采用PDCA循环法对饭店的质量进行控制。所谓PDCA循环法，就是对饭店的质量管理活动按照计划（Plan）、实施（Do）、检查（Check）和处理（Act）四个阶段来开展，并按照这四个阶段组成的循环来进行。

（1）PDCA 循环的步骤。PDCA 循环是科学的质量管理工作程序，其中：

第一阶段是计划阶段。这一阶段的工作是制订质量管理目标和质量管理计划。制订目标和计划必须有明确的目的性和必要性，在目标和计划中要明确规定达到质量标准的时间和要求，以及由谁来完成、用什么方法来完成等内容。

第二阶段是实施阶段。这个阶段的工作是严格按照既定的目标和计划，认真地付诸实施。

第三阶段是检查阶段。这个阶段的工作是对实施后产生的效果进行检查，并和实施目标进行对比，以确定所做的工作是否有效果。该阶段还要将实施结果与计划阶段的目标和计划进行对比，以发现实施阶段存在的问题。

第四阶段是处理阶段。在这个阶段中，要将成功的经验制定成标准，并确定以后的工作按这个标准来做；对不成功的教训也要进行总结，以避免重犯类似的错误；对于尚未解决的问题，留待下一个循环解决。

运用 PDCA 循环来控制饭店质量问题，上述四个阶段还可具体细分为八个步骤。

1）计划阶段

步骤一：对饭店服务质量或工作质量的现状进行分析，找出存在的质量问题。运用 ABC 分析法（对同类问题排序的方法）分析存在的质量问题，找出对饭店质量影响最大的主要问题。

步骤二：运用因果分析法分析产生质量问题的原因。

步骤三：从分析出的原因中找出关键的原因。

步骤四：提出要解决的质量问题，制订解决质量问题要达到的目标和计划；提出解决质量问题的具体措施、方法及责任者。

2）实施阶段

步骤五：即在计划阶段后，按已定的目标进行。

3）检查阶段

步骤六：即在实施阶段后，再运用 ABC 分析法对饭店的质量情况进行分析，并将分析结果与步骤一所发现的质量问题进行对比，以检查在步骤四中提出的提高和改进质量的各种措施和方法的效果。同时，要检查在完成步骤五的过程中是否还存在其他问题。

4）处理阶段

步骤七：对已解决的质量问题提出巩固措施，并使之标准化，以防止同一问题在下次循环中再次出现，即制定或修改服务操作标准或工作标准，制定或修改检查和考核标准以及各种相关的规定与规范。对已完成步骤五但未取得成效的质量问题，也要总结经验教训，提出防止这类问题再发生的建议。

步骤八：提出步骤一所发现而尚未解决的其他质量问题并将这些问题转入下一个循环中去求得解决，从而与下一个循环的步骤一衔接起来。

PDCA 循环步骤如图 7—2 所示。

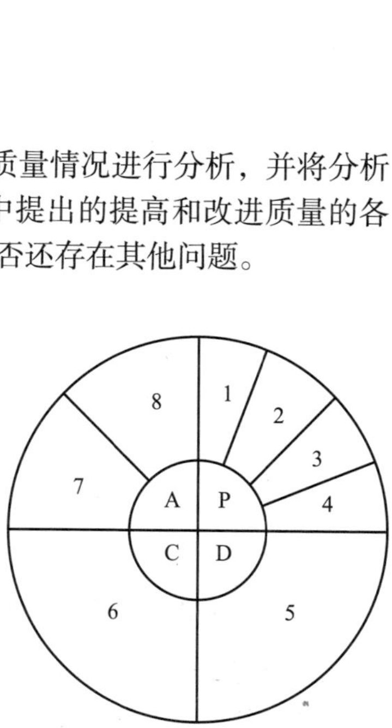

图 7—2　PDCA 循环步骤

（2）PDCA 循环的关键问题

1）PDCA 循环法必须按顺序进行四个阶段的八个步骤，既不能缺少，也不能颠倒。四个阶段的八个步骤就像车轮一样，一边循环，一边前进，如图 7—3 所示。必须依靠饭店组织的力量和全体员工的努力来推动，这个车轮才能顺利地滚动前进。

2）PDCA 循环法必须在饭店各个部门、各个层级同时进行。饭店是个大的 PDCA 环，各个部门又有各自的 PDCA 环，各班组直至个人都应有 PDCA 环，如图 7—4 所示。只有当这些大环套小环，并且每个环都按顺序转动前进、互相促进时，才能产生作用。例如，客房部根据饭店质量计划制订客房部的质量计划，这样外层的 PDCA 循环是内层 PDCA 循环的依据，内层的 PDCA 循环又是外层 PDCA 循环的具体化。通过饭店、部门、班组的 PDCA 循环，一环扣一环地把整个饭店的质量管理有机地结合起来，各部门、各层次彼此相互推动，相互促进。

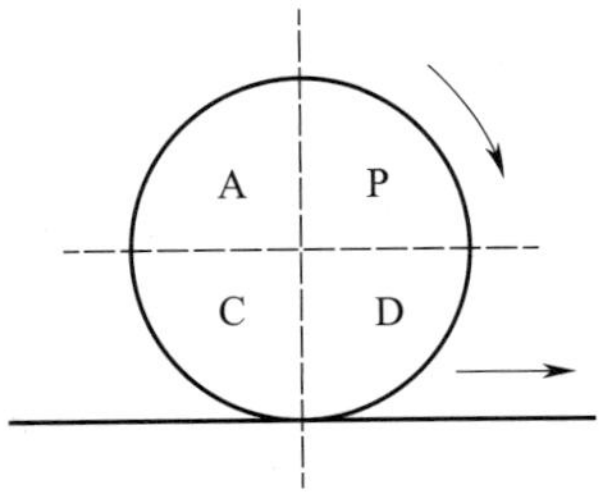

图 7—3　PDCA 循环滚动前进

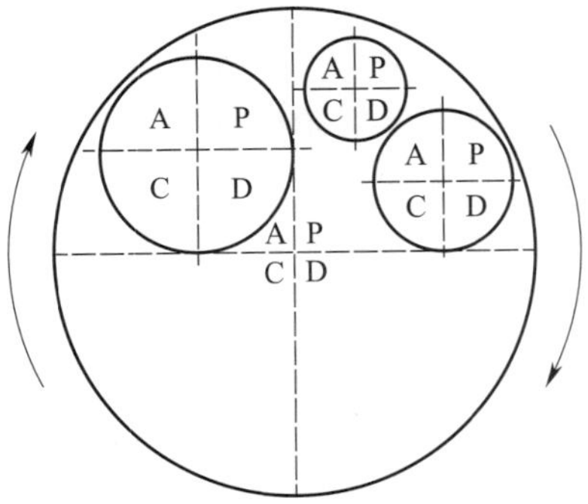

图 7—4　PDCA 循环在各部门同时进行

3）PDCA 循环不是简单的原地循环，PDCA 循环每循环一次都要有新的更高的目标，犹如爬楼梯一样，如图 7—5 所示。每循环一次必须既向前推进了一步，又向上升高了一层。这意味着每经过一次循环后，饭店的质量水平就有了新的提高。

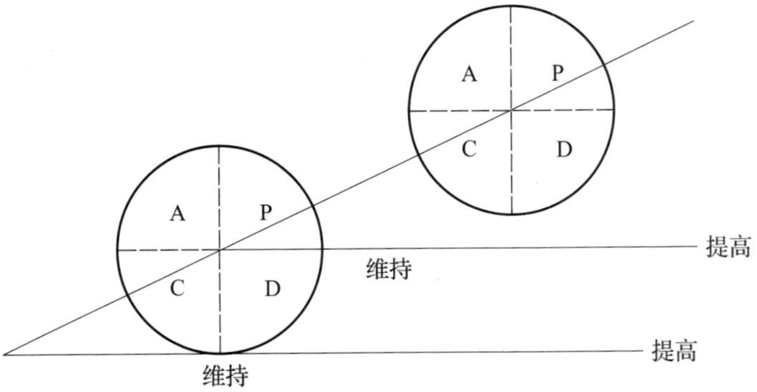

图 7—5　PDCA 循环不是简单的原地循环

三、饭店服务全面质量管理概述

1. 全面质量管理的概念

饭店的全面质量管理，是从饭店系统的角度出发，把饭店作为一个整体，从饭店的全方位、全过程、全人员、全方法、全效益入手，以提供最优服务为目的，以质量为管理对象，以一整套质量管理体系、技术和方法进行的系统的管理活动。

2．全面质量管理的内容

（1）饭店全方位质量管理。饭店全方位质量管理是指对饭店内部的各个部门以及外部有关的行业，为客人提供的各个方面服务的质量管理。全方位服务质量管理包括饭店前台各接待部门、后台业务部门、各职能部门以及饭店外部有关的物资供应部门（如食品、酒水、能源、旅行社等）的质量管理。

（2）饭店全过程服务质量管理。饭店全过程服务质量管理是指对饭店的各项服务从准备阶段到服务过程（阶段）、服务结束（后阶段）所采取的具有相关性和连续性的管理。

1）饭店服务准备阶段的质量管理，主要是指饭店在直接接待客人前各种准备服务工作的质量管理，包括客房的预订，餐厅酒水，菜肴原料的采购、储藏，商场商品的采购、供应等方面的质量管理工作。既要多招揽客人，又要创造条件接待好客人，这就是饭店服务准备阶段质量管理的关键所在。

2）饭店服务阶段的质量管理，主要是指在直接接待客人过程中的各项工作的质量管理，包括入住登记、房间分配、行李提送、房间清洁、洗衣服务、餐厅迎宾、传菜、美容、购物等服务过程的质量管理。

3）饭店服务后阶段的质量管理，主要是指通过意见卡、留言簿、投诉信、座谈会以及其他各种方式所征集到的客人意见和反映来分析研究提高饭店服务质量的方法和手段，以便在未来的饭店质量计划中提高标准。

（3）饭店服务全人员质量管理。饭店服务全人员质量管理是指对管理人员、决策人员、操作人员、服务人员等各层级人员的人才素质管理和质量管理，它贯穿于饭店各层级人员执行饭店质量计划、完成质量目标的全过程中。

（4）饭店服务全方法质量管理。饭店服务全方法质量管理是指采用多样性和全面性的管理方法，以达到高质量服务的目的。

（5）饭店服务全效益质量管理。饭店服务全效益质量管理主要是指饭店服务既要讲究经济效益，又要讲究社会效益，并尽可能地把两者结合起来。提高服务质量的目的在于创造更大的经济效益，使饭店在市场竞争中永远立于不败之地。饭店服务在创造经济效益的同时，也要创造社会效益。尽管有时可能获利较少，但好的社会效益却可以给饭店带来声誉，创造口碑。

3．全面质量管理的基础工作

饭店全面质量管理的基础工作内容主要包括以下几个方面：

（1）标准化。标准是指饭店在向客人提供各种具体服务时所必须达到的准绳和尺度。在饭店接待服务过程中，客人总是希望饭店提供的服务又多又好，而饭店考虑到成本和效益，不可能无条件满足客人的一切要求。这时，服务人员的劳动就需要有一个客观的依据和标准，也就是需要实行标准化管理。标准化的建立既为客人提供了一个衡量饭店所提供的服务是否符合价值规律的客观依据，又为服务人员的劳动和饭店服务质量检查提供了尺度。实行标准化，要求饭店的设备配置、产品质量、服务水平与饭店的等级规格相一致。

（2）程序化。程序化是指接待服务工作的先后次序，它以标准化为基础，通过服务程序使饭店的各项服务工作有条不紊地进行。

饭店的全面质量管理是一种系统管理，由许多因素组成。这些因素之间的纵向联系和横向关系，都有其内在的规律性，怎样的工序顺序更符合消费者的心理，合乎事物规律，需要有优选排列。程序化就是以标准化为基础，把这个优选排列找出来并使之固定化，成为接待服务工作的程式，从而为提高服务质量提供客观准则。

（3）制度化。制度化是指饭店要用规章制度的形式把饭店内部服务质量的一系列标准和程序固定下来，使之成为质量管理的重要组成部分。

制度化作为全面质量管理的基础工作，是确保标准化和程序化得到贯彻执行、达到服务质量目标的制度保证。例如，饭店在旅游旺季时，当设施利用率超过一定限度时，服务工作量势必大量增加，如果没有制度保证，就可能偷工减料、马虎从事、降低质量标准；相反，在标准化与程序化的基础上，有了严格的制度，就必须按制度和标准办事，切实提高服务质量。所以，制度化使饭店的服务质量管理有了规矩，使员工有了一个相对稳定的权威性约束，为服务质量管理提供了保证，有利于贯彻预防为主的方针。

（4）原始记录。全面服务质量管理要求用数据说话。饭店的服务质量管理效果如何，有哪些经验，有哪些问题，客人的意见、要求如何，各种服务质量存在问题的比重如何等，都要靠原始记录来反映。因此，原始记录同样是饭店全面质量管理的基础工作的重要组成部分。

饭店质量管理的原始记录表要根据各部门、各环节接待服务工作的需要来制定，以便随时搜集、了解服务质量管理的情况，发现管理中存在的主要问题和不良倾向。

（5）统计工作。光有记录，没有统计，各种原始记录的数据无法集中，也无法进行具体分析，全面质量管理用数据说话的要求就无法兑现。所以，统计工作也是服务质量管理的基础工作的重要组成部分。

统计工作的具体内容主要包括两个方面：一是服务质量管理中的优点和成绩，如客人的表扬信件、表扬内容所涉及的质量工作等；二是服务质量管理中存在的问题，如设备问题、服务态度问题、礼节礼貌问题等。在实际工作中，统计必须分组进行，根据不同类型或部门进行统计，通过样本分析，发现服务质量管理工作中的成绩或问题具体出在哪个环节，从而有针对性地采取措施，提高服务质量。在现代饭店全面质量管理中，原始记录与统计工作均可通过计算机进行处理。

第 3 节 顾客满意度与忠诚度

一、提高顾客满意度

1. 顾客满意

（1）顾客满意的概念。顾客满意（Customer Satisfaction，CS）是现代饭店的一种整体经营手段。CS 战略也被称作顾客满意战略，1986 年由一位美国消费心理学家创造，是指饭店为了使客人能够对饭店的产品或服务完全满意，综合而客观地测定客人的满意程度，并根据调查分析结果，使整个饭店一起来改善产品、服务及饭店文化的一种经营战略。它要建立的是使客人感到百分之百满意，从而使饭店效益倍增的一种新的系统。

顾客满意的核心思想是饭店的全部经营活动都要从满足客人的需要出发，以“提供使客人满意的产品或服务”为饭店的责任和义务，以“满足客人需要、使客人满意”为饭店的经营目的。

顾客满意通常包括三个方面：一是买到喜欢的商品而满意；二是受到良好的待遇而满意；三是消费者心理上得到满足，如个性、情趣、地位、生活方式等。

（2）顾客满意包含的基本观念

1）“顾客第一”的观念。美国学者的调查表明，每有一名通过口头或书面直接向饭店提出投诉的客人，就有约 26 名保持沉默的感到不满意的客人。这 26 名客人，每个人都有可能会对另外 10 名亲朋好友造成消极影响，而这 10 名亲朋好友中，约有 33% 的人会再把这种不满信息传递给另外 20 个人，可见影响之深远、后果之严重。因此，顾客满意就是经营者真正做到从思想上到行动上把顾客当作“上帝”，在生产经营活动的每一个环节，都必须眼里有客人、心中有客人，全心全意地为客人服务，最大限度地让客人满意。

2）“客人总是对的”的意识。CS 战略要求员工必须遵守三条原则：一是站在客人的角度考虑问题，使客人满意并成为回头客；二是不把对产品或服务有意见的客人看成是故意挑剔的客人，要设法消除他们的不满，获得他们的好感；三是牢记“同客人发生任何争吵或争论，饭店绝对不会是胜利者，因为你会失去客人，也就意味着失去利润”。

3）“员工也是上帝”的思想。一家饭店只有善待自己的员工，员工才会善待饭店的客人。满意的员工能够创造客人的满意。因此，饭店要想使自己的员工让客人百分之百地满意，成为客人的拥护者和客人问题的解决者，首先必须满足员工求知的需要、发挥才能的需要、享有权利的需要和实现自我价值的需要，关心、爱护员工，调动员工的积极性，激发员工的奉献精神，树立员工的自尊心，使他们真正成为推进饭店CS战略、创造高顾客满意度的主力军。简而言之，饭店必须用希望员工对待客人的态度和方法对待员工。

（3）顾客满意经营。顾客满意经营（Customer Satisfaction Management，CSM）是指饭店通过推行CS战略来提高顾客满意度的经营方式。饭店为了使客人能完全满足自己的产品和服务，综合而客观地测定顾客满意度，并根据满意度调查结果，整体改善产品、服务及饭店文化，提升饭店形象。

顾客满意经营的本质要求饭店必须做到以下几点。

1）真心实意以客人为中心。当前许多饭店虽然强调“以客人为中心”的理念，但实际做的仍然是“饭店中心论”，仍然以饭店的利益为第一目的，仅将客人视为达到目的的工具。因此，饭店在推行CSM——顾客满意经营的过程中，必要时甚至可以牺牲饭店经营上的利益，从长远来看，得到的是更大的回报。

2）饭店员工在对客服务中，永远不要说“不知道”“不行”“不要”“不可以”。这要求员工做到：

第一，必须熟悉并牢记饭店内各种服务项目、设施、营业时间及有关的业务知识和人员状况。“知己知彼，百战不殆。”假如还有哪些不足之处，应尽快熟悉充实，才能流利地回答客人所提出的各种问题，让客人称心如意，避免说“不”。

第二，微笑服务，使用标准规范语言，能在对客人服务的过程当中收到意想不到的绝妙效果。例如，收银台的服务员突遇怒气冲冲的客人质问：“我的信用卡怎么会刷不出？上一站刚刚用过，而且是金卡！”这时，作为一名优秀的服务员不能直接回答：“我怎么会知道？”妥善的处理方法是面带真诚的微笑，向客人说：“对不起，请稍等，我打电话给银行，或许是计算机刷卡机出故障了。”并立即给银行打电话询问原因，再把询问的结果告知客人——计算机出故障了，或请客人换一张信用卡，并且再次跟客人说：“非常抱歉，麻烦您，让您久等了。”

第三，真诚、讲信誉。每一位员工都应该具有一颗真诚善良的为客人服务的心，服务不分分内分外，应做到有求必应。如商场的服务员总能接到客人提出的订出租车的要求。这本不是商场服务员的岗位职责，但是商场服务员不能跟客人说“这里不叫车”，而是请客人稍等，然后主动与有关部门联系，并将办理的情况及时转告客人，承诺的事一定要设法兑现。

第四，客人至上，团结协作。顾客是上帝，每一位服务员应处处为客人着想，团结一致，把“为客人服务”摆在第一位。

3）定期、定量、综合测定顾客满意度。许多饭店也进行过顾客满意度调查，但调查表内容过于简单，并不能掌握客人实际的满意程度，也显示不出饭店“顾客第一”的诚意，甚至还有不少调查出现诱导式的问题，以便获得想要的结果，失去了调研的客观性和真正意义。

客人关心的主题是不断发生变化的，如果不站在客人的立场观察和了解客人最关心的事，并建立起顾客满意度的结构，就可能失去客人。因此，只有定期而且持续地实施顾客满意度测定并与以前的结果比较，才能清楚地了解饭店的不足。

4）经营者和管理者是CS经营的主导者。饭店的经营者和管理者不仅应该关注顾客满意度的测定过程，更要重视顾客满意度测定的结果，并带头进行认真的检查，然后迅速采取行动，对饭店的产品或服务进行改进。这要求经营者和管理者能重视这些结果，并根据饭店的具体情况采取相应的对策，以从整体上进行管理与创新，并获得客人的认可。

2. 顾客价值

调查表明，有的饭店虽然顾客满意度很高，但市场占有率却年年下滑，原因是客人虽然对饭店的产品和服务满意，但当竞争者推出更令客人心动的产品和服务时，原有的客人必然转向竞争对手，造成客人的流失。同时，因为客人的标准也会随着以前的经验以及竞争对手提供的服务水平的变化而变化，因此饭店不可能要求客人“零变节”，只能创造顾客价值来留住老客人和吸引更多新客人。可见，饭店只强调顾客满意是不够的，创造顾客价值才是最根本的途径。饭店只有通过引导需求，打破原有的局限于成本、质量、价格的管理方法，才能赢得竞争，为客人带来更多价值。

（1）顾客价值的概念。市场认知质量就是客人对于饭店产品或服务与其他竞争者的产品或服务相比之后的认知。顾客价值就是市场认知质量与饭店产品或服务的价格的比值。

（2）提升顾客价值

1）首先进行顾客价值调查研究，了解本饭店在客人心目中的排名情况。具体做法包括与焦点群体座谈、问卷调查等，然后针对不如竞争对手的项目提出改善方案。

2）标杆学习。学习顶尖饭店领先的各种观念、态度、运作方法、制度和技术。

3）训练员工确认顾客价值的重要性与相关方法。

4）建立注重服务质量的饭店文化，奖励服务绩效优良的员工，激发员工的服务热情。

5）改善提供服务的设备与作业流程，修改或废止过时的规定和作业程序，使客人满意。

3. 客人投诉与处理

（1）客人投诉的类型。根据表现形式，可以把客人的投诉分为三种类型。

1）理智型客人投诉。理智型客人在饭店入住，如果产生不满情绪，不会明显流露，更不会因此而发怒。这类客人多数受过良好的高等教育，既通情达理，又会在发生问题时冷静、理智地对待，因此此类客人的投诉比较容易处理。处理这类投诉时，要对客人表示同情，并立即采取必要措施解决他们提出的问题。

2）失望型客人投诉。失望型客人投诉的主要问题是客人在饭店事先预订的服务项目（如电话预订客房、预订餐位、送餐、叫醒等）因饭店粗心忘记而未获得服务。这种情况会引起客人的失望、不满甚至愤怒。处理此类投诉问题，首先要道歉，再采取必要的补救措施，使他们消火、息怒。

3）发怒型客人投诉。发怒型客人在对饭店服务不满时，会怒气冲冲，高声与服务人员理论，并要求饭店承认过失。对于发怒型客人的投诉问题，首先要平息他们的怒气，再认真听取他们的批评意见，并采取相应的解决措施。

（2）客人投诉的因素。进行客人投诉原因分析是预防客人投诉的前提。客人投诉受多种因素的影响，有时客人进入饭店以前碰到的事情（如飞机晚点、发现自己行李失踪等）使得客人容易在进入饭店时就不愉快。然而，客人真正的投诉原因主要是没有受到应有的服务。影响客人情绪以致最后发展成投诉的原因（又称投诉因素）有以下几个方面：

1）客人感到自己被忽视，没有得到服务人员或接待人员的重视。客人因此会提高讲话声音，甚至发怒，从而引起服务人员及接待人员对自己的重视。如果此时服务人员不能控制情绪，就会导致客人的投诉。

2）客人在饭店一个部门受到不良服务，就会在另一个部门发泄内心的不满。

3）有时客人遇到问题需要得到服务项目以外的服务，饭店服务人员没有或不愿意协助处理，也会引起客人的不满。目前，有些饭店开展“小事关注”服务项目，一方面是为了避免上述客人的不满和投诉，另一方面是为了换来客人的感激之情，从而增加回头客源。

4）客人有时感觉不仅没有受到应有的热情服务，而且觉得服务人员很讨厌自己。这种情况很容易激起客人的不满和投诉。

5）客人受到冷遇或歧视，即客人提出服务要求时，没有被理睬或服务人员根本没有目视客人，而在和另外的客人讲话，这种情况也会引起客人的投诉。

6）客人对饭店有偏见或有一种较坏的印象，当然可能是客人的自我感觉，但是多数情况下是由于别人对饭店有不好印象的传闻，从而形成以后到来的客人对饭店所产生的客观坏印象。

7）客人在饭店内遭到服务人员的拒绝，即服务人员不愿向客人提供服务，从而造成客人的不满、生气、发怒。

8）客人受到低劣服务。这是最容易引起客人投诉的原因所在。

9）服务中明显出现服务差错，即服务员未按照服务规范为客人提供服务。例如，餐厅服务员在服务酒水时，没有按照服务规程操作或将酒水溅出，客人认为他付出的服务花费，没有换回应有的服务质量和应得的享受价值。在这种情况下，客人容易产生不满而导致投诉。

10）当饭店出现服务差错或低劣服务以及不安全事宜时，饭店没有人对此错误负责，这种情况也非常容易引起客人的不满而导致客人投诉。

（3）客人投诉的处理。在世界饭店业，特别是一些大型国际饭店联号中，处理、解决客人投诉所采用的方法基本是一致的。以世界最佳饭店——香港文华饭店为例，处理客人投诉应该遵循的基本程序如下：

1）承认客人投诉的事实。为了很好地了解客人所提出的问题，必须认真地倾听客人的述说，以便使客人感到饭店的重视。在客人投诉时，饭店宾客关系部主任或值班经理应全神贯注地倾听他的意见，同时要目视客人，不时地点头示意，并不时地说，“我理解，我明白，一定认真处理这件事情”，让客人明白“饭店管理者或宾客关系部主任在认真听取我的意见”。

为了使客人的情绪能逐渐平复，饭店宾客关系部主任或值班经理要用自己的语言重复客人的投诉和抱怨内容，并对听取的意见做一些记录，以示对客人的尊重及对问题的重视。

2）表示同情和歉意。客人在谈问题时，作为饭店的宾客关系部主任或值班经理，要不时地对客人表示同情，如“我们非常遗憾”“非常抱歉地听到此事”“我们理解您现在的心情”等。

3）同意客人要求并决定采取措施。饭店宾客关系部主任或值班经理应完全理解客人抱怨和投诉的原因，同时在采取措施前，一定要让客人理解并同意采取措施及其具体内容。如果客人不知道或不同意，就不要盲目采取行动。

4）感谢客人的批评指教。明智的饭店总经理会感谢对饭店服务水平或服务设施提出批评意见的客人，因为这些批评、抱怨甚至投诉，会帮助饭店提高管理水平和服务质量。

5）立即采取行动，补偿客人的损失。当客人完全同意饭店宾客关系部主任或值班经理所提出的改进措施时，要立即行动，不要拖延时间。拖延时间只会进一步引起客人的不满，此时的时间和效率就是对客人最大的尊重，也是客人此时的最大需求。

6）要落实、监督、检查补偿客人投诉的具体措施。处理客人投诉要获得良好效果，其最重要的一环便是落实、监督、检查已经采取的改进措施。首先，要确保改进措施的顺利实施；其次，要使服务水准及服务设施处在最佳状态；最后，再用电话询问客人的满意程度。对待投诉客人的最佳反馈，莫过于对他的实际关心。投诉并得到满意处理的客人，不满情绪会得到缓解，有的甚至会对饭店产生感激之情。

投诉客人的最终满意程度，主要取决于饭店对他投诉后的关心程度。饭店的良好口碑及其社会知名度来自饭店本身的诚实、准确、细腻的感情服务。

二、培养顾客忠诚度

越来越多的饭店意识到，饭店是依靠客人生存和赚取利润的，客人是饭店的衣食父母，饭店的一切活动都应围绕客人这个基本出发点展开。然而，并不是每家饭店都能够真正做到“一切以客人为中心”，以满足客人的需要为饭店的荣耀。但是在激烈的市场竞争中，能够脱颖而出的饭店都有一个共同点，那就是建立起了顾客忠诚度。

开拓新客源对饭店营销非常重要。但在商品供大于求、竞争激烈的市场上，新市场的开拓毕竟有限，成本也很高。于是，保持老客人的忠诚度成为饭店营销的一大重点。

忠诚的客人会给饭店带来许多好处，例如，他们可能从饭店再次或大量地购买产品或服务；向自己的亲朋好友和周围的人士主动推荐购买该饭店的产品或服务；选购同类产品或服务时，几乎没有选择其他品牌产品或服务的念头，自动拒绝其他品牌的诱惑；发现所购产品或服务存在某些缺陷时，能做到以谅解的心态主动向饭店反馈信息，以求得解决，而非投诉饭店或扩大事端。忠诚的客人不仅降低了饭店留住客人的成本，而且饭店为他们服务的成本比新客人低得多，因为老客人比新客人更了解饭店。忠诚的客人对价格不像三心二意的客人那么敏感，并不十分在乎价格是否最低。总而言之，饭店最宝贵的资产不是产品或服务，而是客人。

精明的饭店会想方设法培养客人的忠诚度，因为留住老客人比争取新客人更具成本效益。如果饭店的收入主要来自老客人和慕名而来的新客人，则不需要花大本钱做广告。而给老客人寄发提示通知、优惠卡，比通过广告来吸引新客人的花费少得多。

1. 建立顾客忠诚度

要享受老客人带来的好处，首先要建立顾客忠诚度。建立顾客忠诚度的关键在于采取针对性措施来满足客人需要。具体措施有以下几条。

（1）认识客人。饭店只有通过认识客人、熟悉客人，并不断地研究客人群体的购买动机和购买行为，逐步认定和挽留住具有较高价值的客人群体，才能为饭店未来的盈利打下坚实的基础。

饭店应清楚地了解自己客人的特点，收集与客人有关的各种资料，包括服务历史、顾客满意度、偏好、家庭特点、爱好等，并建立用户档案，保持与客人的长期良好关系。

饭店 80% 的利润来自 20% 的客人。因此，饭店应该仔细研究客人群体，准确评估每一位客人的价值，清楚哪些客人能让饭店盈利，分清最想留住的客人和会轻易离去的客人，并以最忠诚的客人为标准去寻找新客人。找出最满意的客人，并找出客人的共同特点，与之建立长久关系。

（2）答谢客人。饭店通过答谢（尤其是函谢）客人，让客人知道他们正受到饭店的重视，这是维系饭店与客人感情的最好手段，客人也许更在意这种精神上的满足。特别是对客人主动发起的沟通与交流活动，饭店更应致谢。

（3）赞赏客人。在买方市场条件下，客人在众多饭店中做出选择，这对被选中的饭店而言是一次机会，饭店对此应表示赞赏和感激。

（4）分析客人。通过对客人意见、感受等信息的深入分析，饭店可以为自己未来的经营活动确定方向。

（5）为客人满意而行动。根据台湾地区学者的研究，客人产生抱怨的原因主要有两点：一是服务传送系统失误，表现为延迟服务、维修失误、标价错误、包装错误、产品缺陷、缺货等；二是对客人需要反应不佳，如员工反应不佳、服务态度不佳等。饭店应倾听客人的心声，通过实际行动努力改善经营程序，改进自身的产品和服务，提高客人对饭店及其产品的满意度。

2. 留住老客人

有关调查数据显示，饭店开拓一个新客人需要花的时间和力量，约为留住一位老客人的5倍。因此，饭店首先应留住老客人，然后在此基础上开拓新客人。这是任何饭店管理者都应清楚地认识并采用的策略。为留住老客人，饭店应努力做到：

（1）定期联系。有规律、有创造性地定期与老客人联系，目的是为了保持对客人的关注。

（2）提供服务保证。饭店应对自己的服务充满自信，这样的饭店才能为客人提供良好的服务质量。

（3）对大量购买的客人给予奖励。例如，有的饭店以折扣或抽奖的方式奖励多次来饭店就餐或住宿的老客人，这是一种留住老客人的有效手段。

（4）服务个性化。设计适合特定客人群体的服务品种，并尽可能地提供更完美的个性化服务。

（5）访问离去的客人。对离去的客人也应注意访问，因为他们可能会告诉你离开的原因及饭店在哪些方面需要改进提高，客人通常能提出饭店内部无法提出的看法和意见。

（6）对错误服务进行补救。当饭店为客人服务发生了错误时，如能对错误进行有效的补救，则能消除客人的不满。

据统计，一般饭店都在以年均25%的速度失去老客人。所以，在客人管理中，不仅要设法建立与客人的良好关系，更应努力保持长期关系。

综上所述，饭店应综合比较顾客管理的成本和利益，以便做出正确的选择。只有最终能为饭店带来效益和效率的顾客管理方法，才值得被采用。